Anselm Grün

Ich verkünde euch große Freude

Anselm Grün

Ich verkünde euch große Freude

Ein Weihnachtsbuch

Vier-Türme-Verlag

Bibliographische Information der Deutschen Bibliothek
Die Deutsche Bibliothek verzeichnet diese Publikation in der Deutschen Nationalbibliographie. Detaillierte bibliographische Daten sind im Internet über http://dnb.ddb.de abrufbar.

1. Auflage 2008

Lektorat: Thomas H. Böhm
Umschlaggestaltung: Elisabeth Petersen, München
Umschlagmotiv: The Gallery Collection/Corbis (Hans Leonhard Schäufelein, Die Geburt Christi, Ausschnitt)
Gesamtherstellung: Friedrich Pustet KG, Regensburg
ISBN 978-3-89680-378-8

www.vier-tuerme-verlag.de

Inhalt

Weihnachten – Das Fest der Begegnungen

Seit meiner Kindheit steckt in mir die Sehnsucht, an Weihnachten den Menschen auf neue Weise begegnen zu können. Wenn ich als Kind nach unserer Weihnachtsfeier im Kreis der Familie zum Ministrieren in die Mitternachtsmette ging, tat ich dies immer im Bewusstsein, den anderen Ministranten heute anders zu begegnen. Die geheimnisvolle Freude, die ich beim Lesen des Weihnachtsevangeliums vor dem Christbaum mit seinen vielen Kerzen und dann beim Singen der Weihnachtslieder empfand, musste mich – so dachte ich in meinem kindlichen Herzen – doch völlig verwandelt haben. Und so hatte ich das Gefühl, dass ich den anderen Ministranten mit innerer Freude und mit einem tiefen Frieden im Herzen begegnen konnte.

Was ich damals als Kind empfunden habe, wirkt heute auf andere Weise nach. Wenn ich am Heiligen Abend nach unserer Weihnachtsfeier im Konvent in Münsterschwarzach allein in meinem Zimmer sitze und im Kerzenschein das Weihnachtsoratorium von Johann Sebastian Bach anhöre und die Weihnachtsbilder meditiere, die ich auf meinen Schreibtisch gestellt habe, dann habe ich auch die Hoffnung, dass sich das Geheimnis von Weihnachten so tief in mich einbildet, dass ich meinen Mitbrüdern in der Nacht auf neue Weise begegnen kann. Meister Eckehart spricht davon, dass wir Christus in uns einbilden und ihn dann auch ausbilden sollen. Das ist meine Hoffnung an jedem Weihnachtsfest, dass ich das Bild des göttlichen Kindes und in ihm Christus selbst so tief in mich einbilde, dass alles, was ich nach außen denke, tue und ausstrahle, Christus ausbildet, Christus sichtbar werden lässt.

An Weihnachten wünschen wir einander »Gesegnete und frohe Weihnachten«. Wir gehen aufeinander zu. Und in diesem Zugehen steckt die Hoffnung, dass wir nicht nur an Weihnachten, sondern über Weihnachten hinaus für lange Zeit einander in einem anderen Licht sehen werden.

Der Sehnsucht nach tiefer Begegnung hat schon der Evangelist Lukas in seiner wunderbaren Weihnachtsgeschichte Ausdruck verliehen. Dort erzählt er uns die Geburt Johannes des Täufers und die Geburt Jesu als eine Geschichte von Begegnungen. Dort begegnen einander alte Menschen und junge Menschen, Männer und Frauen. Es begegnen sich Engel und Menschen, Gott und Mensch, Himmel und Erde. Die Eltern des Kindes begegnen den Hirten, die in der Nähe der Krippe ihre Nachtwache halten. Und das Kind begegnet den beiden alten Menschen Simeon und Hanna und löst in ihnen etwas aus.

Doch die Begegnungen sind nicht alle nur angenehm und idyllisch. Schon der greise Simeon sieht das Schwert in Marias Herz dringen. Im Tempel begegnen die Eltern ihrem zwölfjährigen Sohn, ohne dass sich beide verstehen. Und dennoch steht bei all diesen Begegnungen das göttliche Kind in der Mitte, das sein Licht der Liebe auch in schwierige Beziehungen hineinleuchten lässt. Das Kind in der Krippe ist auch für uns heute Verheißung, dass unsere Sehnsucht nach gelingenden Begegnungen an Weihnachten erfüllt wird – selbst dann, wenn wir gerade eine konfliktreiche Zeit durchleben.

So möchte ich mich in diesem Weihnachtsbuch dem Geheimnis des Weihnachtsfestes von den Begegnungen her nähern, die mit diesem Fest verbunden sind.

Wir feiern Weihnachten im deutschen Sprachraum als Fest der Familie. Und manchmal ist dieses Fest allzu sehr verbürgerlicht und auf eine rein menschliche Ebene gestellt worden. Es ist zu einem bloßen Familienfest geworden. Dann geht es oft nur noch um das gemeinsame Feiern, aber nicht mehr um den tieferen Sinn von Weihnachten. Eine Studentin erzählte mir, sie dürfe am Heiligen Abend nicht in die Kirche gehen. Sie müsse den ganzen Abend in der Familie verbringen. Doch je länger die Familie zusammensitzt, desto aggressiver wird das Klima. Die Begegnungen in der Familie gelingen nur, wenn das Geheimnis des Festes im Mittelpunkt steht: die Geburt Jesu Christi, durch die Licht und Liebe in unsere Herzen strömen, wenn wir uns diesem Geheimnis in der familiären Feier, in der Stille der Meditation und im gemeinsamen Gottesdienst aussetzen.

Ich möchte jedoch nicht auf die Verbürgerlichung von Weihnachten und auf die Kommerzialisierung des Festes schimpfen. Denn auch in dieser Weise, Weihnachten zu feiern, steckt die Sehnsucht, einander auf neue Weise zu begegnen und die Beziehungen untereinander zu erneuern. Für mich besteht die Aufgabe der Theologie darin, auch die weltlichen Weisen, wie die Menschen heute Weihnachten feiern, nach der Sehnsucht zu befragen, die dahintersteckt. Für mich ist es die Sehnsucht, einander auf neue Weise zu begegnen, miteinander in einen gelingenden Dialog zu treten und einander mit neuen Augen zu sehen.

So möchte ich – ausgehend vom Lukasevangelium – die verschiedenen Begegnungen und Beziehungen, von denen uns die Weihnachtsgeschichte erzählt, auslegen und so deuten, dass die Feier des Weihnachtsfestes unsere Beziehungen erneuern und unsere Begegnungen vertiefen kann. Dabei ist es mir wichtig, dass die Begegnungen zwischen den Menschen nur gelingen können, wenn wir zugleich dem Engel begegnen, den Gott uns sendet, und wenn wir dem göttlichen Kind in der Krippe begegnen und sein Licht in unser Herz fallen lassen.

Die Begegnung mit dem Kind in der Krippe und das Verinnerlichen des Geheimnisses von Weihnachten stehen auch im Mittelpunkt vieler Weihnachtslieder. Fünf der bekanntesten Lieder möchte ich verteilt über dieses Buch meditieren. Im Singen werden wir selbst immer mehr Mensch und kommen so dem menschgewordenen Gott immer näher. Wir lassen uns vor allem auch in den Liedern von seiner Liebe ergreifen, die sich in seinem Sohn, dem kleinen Kind im Stall, zeigt.

Das Singen kann uns helfen, Weihnachten nicht nur zu feiern, sondern Gott selbst in unseren Herzen neu zu entdecken und aus dieser Mitte heraus zu leben.

Zacharias und Elisabet

Lukas beginnt die Geburtsgeschichte Jesu mit der Beschreibung der Ehe von Zacharias und Elisabet. Zacharias gehört zur Priesterklasse Abija, Elisabet stammt aus dem Geschlecht Aarons. Beide konnten auf ihre Herkunft stolz sein. Lukas beschreibt die beiden so: »Beide lebten so, wie es in den Augen Gottes recht ist, und hielten sich in allem streng an die Gebote und Vorschriften des Herrn. Sie hatten keine Kinder, denn Elisabet war unfruchtbar, und beide waren schon in vorgerücktem Alter.« (Lk 1,6f) Beide befolgten demnach streng alle Gebote und Vorschriften Gottes. Aber vielleicht ist gerade das der Grund dafür, dass ihr Leben ohne Frucht blieb. Das vorschriftsmäßige Verhalten allein ist zu wenig, um unser Leben fruchtbar zu machen. Es braucht noch etwas anderes: Es braucht die lebendige Beziehung zu Gott, die uns befruchtet.

Von dieser lebendigen Begegnung mit Gott erzählt uns Lukas. Während Zacharias im Tempel das Opfer darbringt und dabei alle Vorschriften befolgt, erscheint ihm ein Engel des Herrn. Gott selbst greift in sein Leben ein, indem er ihm einen Engel schickt. »Als Zacharias ihn sah, erschrak er, und es befiel ihn Furcht.« (Lk 1,12)

Dies ist die angemessene Reaktion eines Menschen auf eine tiefe Gotteserfahrung. Im Engel begegnet uns der numinose Gott, der immer zugleich fasziniert und erschreckt. In Gott ist das Fascinosum (das Anziehende) und das Tremendum (das Erschreckende), wie die Religionswissenschaftler sagen.

Doch der Engel grüßt den alten Mann, wie es im Alten Testament immer geschieht: »Fürchte dich nicht!« Er will ihm die Angst nehmen, die die Begegnung in ihm auslöst. Und der Engel spricht freundlich zu Zacharias. Er verheißt ihm die Geburt eines Sohnes, der eine bedeutende Rolle im Heilswirken Gottes haben wird. Doch Zacharias zweifelt: »Woran soll ich erkennen, dass das wahr ist? Ich bin ein alter Mann, und auch meine Frau ist in vorgerücktem Alter.« (Lk 1,18) Der Engel stellt sich als Gabriel vor, der von Gott gesandt wurde, um diese Verheißung zu verkünden. Doch weil Zacharias der Botschaft des Engels nicht glaubt, verstummt er. Er soll nicht mehr sprechen, bis die Verheißung Gottes wahr geworden ist.

Die Begegnung mit dem Engel lässt den alten Mann verstummen. Sie verwandelt ihn: Er verliert seine Selbstsicherheit. Er kann nicht mehr weiterreden. Sein bisheriges Lebenskonzept stimmt nicht mehr. Das Schweigen führt ihn tiefer in das Geheimnis seines Lebens hinein. Und es eröffnet ihm neue Perspektiven.

Die Begegnung mit dem Engel wirft den Zacharias erst einmal auf sich selbst zurück. Im Schweigen muss er sich selbst begegnen und alles in Frage stellen, was ihn bisher getragen hat – etwa sein bisher selbstsicheres Befolgen der Gebote. Der lebendige Gott selbst ist dem alten Mann in einem Engel erschienen und hat Bewegung in dessen Erstarrung und Unfruchtbarkeit gebracht. Eine echte Begegnung weckt in uns immer Leben und befruchtet uns.

Zacharias verabschiedet sich schweigend von den Menschen, die vor dem Tempel warten. Er kann ihnen nichts mehr von Gott und seinen Geboten erklären. Verstummt geht er nach Hause.

Im Schweigen trägt die Beziehung zu seiner Frau Frucht. Wenn die festgefahrenen Verhaltensweisen zwischen Mann und Frau sich auflösen, wird eine neue Qualität der Beziehung möglich. Weil Zacharias dem Engel begegnet ist und durch die Begegnung mit dem Engel vor Gott und vor seiner Frau verstummt, wächst etwas Neues in ihrer Beziehung heran. Ein Kind wird geboren. Es soll den Namen Johannes tragen. Johannes bedeutet: Gott ist gnädig. Im Kind wird Gottes Gnade und Gottes Zuwendung zu den beiden alten Menschen sichtbar. Im Schweigen ist Zacharias offen geworden für das Wirken der göttlichen Gnade.

Als Elisabet schwanger wird, drückt sie mit Worten aus, was Gott an ihr getan hat: »Der Herr hat mir geholfen; er hat in diesen Tagen gnädig auf mich geschaut und mich von der Schande befreit, mit der ich in den Augen der Menschen beladen war.« (Lk 1,25)

War es bisher der Mann, der gesprochen hat, so findet nun die Frau die richtigen Worte, auf die Begegnung mit Gott zu antworten. Und sie erlebt Gott nicht als den Gesetzgeber, sondern als den, der gnädig und liebevoll auf sie schaut. Er hilft ihr, wieder an die eigene Würde zu glauben, die für sie mit ihrer Fruchtbarkeit zusammenhängt. Da Elisabet nun im Kind das

Leben in sich spürt, kann sie viel lebendiger und ursprünglicher auf das Geschenk Gottes antworten. Ihr Mann Zacharias muss sich erst im Schweigen auf das neue Leben einstimmen, das in Elisabet heranwächst.

Nur wenn Mann und Frau sich auf ihre je persönliche Weise auf das Kind vorbereiten, können sie ihm wahre Liebe erweisen. Für die Frau ist die Annahme der Schwangerschaft die beste Vorbereitung auf das Kind. Der Mann braucht den Weg des Schweigens, um offen zu werden für das Neue, das Gott in dem Kind auch in ihm wirken möchte.

Noch etwas ist mir an den beiden alten Menschen wichtig. Lukas beginnt die Geburtsgeschichte Jesu mit der Erzählung von der Begegnung zwischen Zacharias und Elisabet. Und er beendet sie mit der Begegnung der beiden alten Menschen Simeon und Hanna mit dem neugeborenen Jesus. Alte und junge Menschen gehören zusammen. Auch die alten Menschen werden an Weihnachten lebendig, nicht nur, weil sie sich an die eigene Kindheit erinnern, sondern weil sie in sich Fruchtbarkeit spüren.

Alte Menschen haben oft ein tiefes Gespür für das Geheimnis von Weihnachten. Lukas verheißt gerade in unserer Zeit den vielen alten Menschen, dass Gott auch an ihnen handelt, dass auch in ihnen neues Leben heranwachsen möchte. Und er zeigt, dass alte Menschen oft das Neue besser verstehen und deuten als die jungen. Alte Menschen sind wichtig, damit das Unvorhergesehene, das Gott in unserem Leben wirkt, in den Zusammenhang mit der Geschichte Gottes und der Menschen gestellt werden kann. So lädt Lukas gerade auch die alten Menschen ein, Weihnachten aus der Sicht von Zacharias und Elisabet und von Simeon und Hanna zu bedenken und zu feiern.

Maria und der Engel

Während die Begegnung mit dem Engel den Zacharias verstummen lässt, entsteht in der Begegnung zwischen Maria und dem Engel ein lebhafter Dialog. Die Begegnung verwandelt das junge Mädchen von Nazaret in eine Frau, die sich auf Gott einlässt und seiner Verheißung traut. Sie ist durch die Begegnung mit dem Engel für viele Männer und Frauen zum Urbild des Glaubens geworden.

Von Maria sagt Lukas, dass sie aus Nazaret kommt, einem unbedeutenden Ort in Galiläa. Sie ist Jungfrau, aber mit Josef verlobt, der aus dem Haus David stammt. Das griechische Wort für Jungfrau – Parthenos – lässt darauf schließen, dass Maria etwa zwölf Jahre alt ist. In diesem Alter wird ein Mädchen oft verlobt. Ihr Vater verspricht sie dann einem Mann und zahlt in der Verlobung dem Schwiegervater die Brautsumme. Durch die Verlobung erwirbt der Bräutigam das Eigentumsrecht an dem Mädchen. Doch bis zur Hochzeit untersteht die Braut noch weiter dem Vater. (Vgl. Bovon 73)

Josef, der Verlobte Marias, kann auf seine Herkunft aus dem Geschlecht Davids stolz sein. Marias Herkunft ist dagegen unbedeutend. Bei ihr geht es nicht um die Geschichte ihrer Herkunft, sondern um die Person, die sich auf die Zukunft einlässt und so zum Segen für viele wird. Manche Exegeten meinen, Lukas sehe in Maria ein Bild für die Tochter Zion. Zur Tochter Zion sagt Gott beim Propheten Zefanja: »Juble, Tochter Zion! Jauchze, Israel! Freu dich und frohlocke von ganzem Herzen, Tochter Jerusalem.« (Zef 3,14)

Maria steht also für das ganze Volk, das sich auf Gottes Wort einlässt. Maria ist das neue Israel, das Gott gehorsam ist. Sie wird den neuen Adam gebären. In ihr entsteht die neue Menschheit. »Die Tochter Zion wird durch Maria, die dem Bundesgott treue Jungfrau vertreten, ihr Sohn aber schafft die Menschen neu.« (Grundmann 98) Auch Papst Benedikt bezieht das Bild der Tochter

Zion auf Maria und legt es so aus: In Maria »ist das wahre, das reine Zion, die lebendige Wohnstatt Gottes, gegenwärtig. In ihr wohnt der Herr, in ihr findet er seinen Ort der Ruhe. Sie ist das lebendige Haus Gottes, der nicht in steinernen Häusern wohnt, sondern im Herzen des lebendigen Menschen« (Benedikt XVI, Liebe 86f). So wird Maria für uns zum Vorbild, uns ganz und gar auf Gottes Wort einzulassen. Dann wird auch unser Leben erneuert. Und wir werden fähig, einander als neue Menschen zu begegnen.

Die Begegnung zwischen Maria und dem Engel beginnt mit dem Eintreten des Engels in ihre Kammer und mit dem zärtlichen Gruß: »Sei gegrüßt, du Begnadete, der Herr ist mit dir.« (Lk 1,28)

Maria erschrickt. Sie spürt, dass im Engel Gott selbst in ihr Leben einbricht. Aber sie zweifelt nicht an der Botschaft, sondern denkt über sie nach. Maria überlegt, was die Worte des Engels für sie bedeuten könnten. Sie öffnet ihr Herz für die unerwarteten Worte.

Es sind wunderbare Grußworte, die Maria zu hören bekommt. Der Engel spricht sie als Begnadete an. Und er sagt ihr zu, dass Gott selbst mit ihr ist. Dann erklärt ihr der Engel, was Gott ihr, einem einfachen Mädchen, zutraut: »Du wirst ein Kind empfangen, einen Sohn wirst du gebären:

dem sollst du den Namen Jesus geben. Er wird groß sein und Sohn des Höchsten genannt werden. Gott, der Herr, wird ihm den Thron seines Vaters David geben. Er wird über das Haus Jakob in Ewigkeit herrschen, und seine Herrschaft wird kein Ende haben.« (Lk 1,32f)

Dies sind große Worte, die Maria in ihr Herz fallen lässt. Aber zugleich möchte Maria diese Worte auch verstehen. Und sie möchte wissen, wie diese Verheißung Wirklichkeit werden kann. So antwortet sie dem Engel: »Wie soll das geschehen, da ich keinen Mann erkenne?« (Lk 1,34)

Diese Frage drückt keinen Zweifel aus. Sie ist vielmehr Einladung an den Engel, das Geheimnis der Menschwerdung noch genauer zu erklären. Diese Frage ermöglicht das Gelingen des Dialogs. Der Engel erklärt bereitwillig, wie die Geburt ihres Sohnes geschehen soll: »Der Heilige Geist wird über dich kommen, und die Kraft des Höchsten wird dich überschatten. Deshalb wird auch das Kind heilig und Sohn Gottes genannt werden.« (Lk 1,35f)

Der Dialog zwischen Maria und dem Engel ist auch ein Bild dafür, wie ein Gespräch zwischen zwei Menschen gelingen kann, in der Freundschaft, in der Partnerschaft oder in beruflichen Situationen. Der Dialog wird nur dann weiterführen, wenn wir genau hinhören, was der andere sagt, und wenn wir ihn immer wieder einladen, noch mehr zu sagen, was er wirklich meint. Dann fühlt er sich selbst ernst genommen. Wir widersprechen nicht, sondern fragen so lange, bis wir ihn verstanden haben. In so einem Gespräch geht es nicht um Nachgeben, auch nicht um Siegen oder Besiegtwerden, sondern um Fragen und Antworten, bis jeder den anderen versteht und auf einmal etwas Neues im Gespräch entsteht, etwas, was größer ist als wir selbst.

Der Evangelist Lukas spricht nicht theoretisch über das Geheimnis der Menschwerdung Gottes, sondern er erzählt es, indem er die Begegnung und den Dialog zwischen Maria und dem Engel schildert. Er spricht nicht abstrakt über die Gottessohnschaft Jesu, sondern er spricht ganz behutsam darüber, indem er das Geheimnis seiner Zeugung und Geburt erzählt: Der Heilige Geist wird über Maria kommen. Er wird in ihr das Kind formen, das in ihrem Leib heranwächst und schließlich aus ihr geboren wird.

Der Engel spürt offensichtlich, dass er dem jungen Mädchen aus Nazaret mit seiner Ankündigung viel zumutet. Er verweist auf Elisabet, ihre Cousine, die noch im Alter einen Sohn empfangen hat, obwohl sie als unfruchtbar galt. Er will so Maria helfen, seinen Worten zu trauen. Und der Engel gibt als Grund an, auf den Maria ihren Glauben aufbauen kann: »Für Gott ist nichts unmöglich.« (Lk 1,37) Alles kann Maria letztendlich nie verstehen. Aber wenn sie darauf vertraut, dass bei Gott nichts unmöglich ist, dann wird sie das Geheimnis ihrer Schwangerschaft und Geburt verstehen und annehmen und sie wird ihren Sohn im richtigen Licht sehen.

Die Reaktion Marias auf die Worte des Engels sind zum Urbild unserer Antwort auf die leisen Impulse geworden, die wir in unserem Alltag immer wieder von Gott empfangen: »Siehe, ich bin die Magd des Herrn; mir geschehe, wie du es gesagt hast.« (Lk 1,38) Maria lässt sich auf das Wort Gottes ein. Sie hat die Worte des Engels gehört, jedoch sicher nicht alles gleich verstanden, was der Engel ihr da verkündet hat. Sie spürt, dass etwas Besonderes mit ihr geschieht und dass Gott selbst sie erwählt hat, Mutter eines besonderen Kindes zu sein, das Gott selbst ihr schenkt.

Was es bedeutet, sich auf diesen Gott einzulassen, wird sie erst im Laufe ihres Lebens erfahren und auch erleiden. Doch diese junge Frau stellt sich Gott zur Verfügung, ohne zu zögern. Sie nennt sich »Magd des Herrn«. Damit greift sie das wichtige Wort »Doule«/»Doulos« – »Magd«/»Knecht« der jüdischen Theologie auf: Das Volk Israel ist »Knecht des Herrn«. Das Mädchen weiß, dass das Volk Israel sich immer wieder Gott verweigert hat. Maria will diese Verweigerung des Knechtes Israel wiedergutmachen. Sie ist bereit, als Magd des Herrn offen zu sein für das, was Gott an ihr tut und durch sie dem Volk an Gnade erweisen will.

Wenn ein Engel in unsere Kammer tritt – so denken wir –, dann würden wir natürlich auch wie Maria reagieren. Wir stellen uns den Engel oft als so mächtiges himmlisches Wesen vor, dass wir gar nicht anders können, als ihm zu folgen. Doch schon die Begegnung des gleichen Engels mit Zacharias zeigt uns, dass es nicht selbstverständlich ist, sich auf den Engel einzulassen.

Wenn wir das Bild des Engels theologisch bedenken, dann erkennen wir, dass Engel geschaffene geistige Wesen sind. Sie können durch einen inneren Impuls zu uns sprechen oder durch einen Traum. So verstanden verliert der Engel das Mächtige und Bezwingende. Oft genug überhören wir den Engel, der zu uns spricht. Wir spüren einen inneren Impuls, aber wir folgen ihm nicht. Lieber tun wir das, was alle tun. Es wäre zu unsicher, dem leisen Wort, das wir in unserem Herzen vernehmen, gehorsam zu sein. Wir wissen ja nicht, wohin es uns führt.

Maria lädt uns ein, auf die Impulse zu hören, die der Engel auch uns heute leise und unauffällig gibt.

Maria ist in dieser Szene der Verkündigung zum Vorbild im Gehorsam geworden. Sie fordert uns heraus, uns Gott auch als Knecht oder Magd zur Verfügung zu stellen. Wir sind oft in Gefahr, in unserer Beziehung zu Gott unser Ego in den Mittelpunkt zu stellen. Wir wollen Gott dann für uns benutzen. Oder wir rühmen uns, wegen unserer Gottesbeziehung etwas Besonderes zu sein.

Doch Maria fällt nicht auf die Versuchung herein, sich über andere zu stellen. Sie gehorcht dem Wort Gottes. Sie wird gehorsam. Und ihr Gehorsam ist die Bedingung dafür, dass das Wort Gottes in ihr Fleisch wird. Weil Maria Gott gehorcht, wird sie schwanger.

Das ist auch für uns ein wunderbares Bild: Wir sollen Gottes Wort im Gehorsam so in uns eindringen lassen, dass es auch in uns Fleisch wird. Nur in der Haltung des Gehorsams können wir das Geheimnis der Menschwerdung Gottes in uns wahrnehmen.

Viele Maler haben die Szene der Verkündigung dargestellt. Sie sehen darin ein Urbild der Begegnung zwischen Mensch und Engel.

Maria wird meistens in einer Kammer dargestellt, wie sie betet oder im heiligen Buch der Bibel liest. Die Künstler übersetzen damit das Geheimnis der Verkündigung in unser Leben. Wenn wir uns im Gebet und in der Meditation in das Wort der Schrift vertiefen, kann auch zu uns der Engel sprechen. Vielleicht ist es ein Wort der Schrift, das uns im Herzen berührt.

Wenn wir uns wie Maria in dieses Wort hineinmeditieren und uns berühren lassen, dann ist es ein Engel, der uns begegnet und uns etwas zusprechen will, das unser Leben verwandelt.

Die Begegnung zwischen Maria und dem Engel soll uns die Augen öffnen, damit auch wir erkennen, wo ein Engel uns begegnet, damit auch in uns etwas Neues geschieht und Gott an uns und durch uns in dieser Welt Gutes tut und Heil wirkt.

Mich beeindruckt die wunderbare Darstellung der Verkündigung von Fra Angelico, die im Prado in Madrid hängt. Als Antwort auf die Vertreibung von Adam und Eva aus dem Paradies durch einen Engel, die links neben der Verkündigungsszene zu sehen ist, kommt nun ein Engel voller Liebe zu Maria. Engel und Maria sind voller Anmut, Schönheit und Zartheit. Damit deutet Fra Angelico das Wort des Engels »gratia plena«. Dies heißt nicht nur: Maria ist »voller Gnade«, sondern auch voller Anmut und Schönheit.

Beide, der Engel und Maria, beugen sich nach vorne, aufeinander zu. Maria sitzt auf dem Betstuhl, die Bibel auf dem Schoß. Doch nun empfängt sie das Wort Gottes in ihrem Leib.

Das verwandelt diese Welt der Entfremdung und Härte in eine Welt voller Liebe und Heimat.

Solche Bilder möchten sich in uns einbilden, damit auch an uns geschieht, was damals in Maria geschehen ist: dass das Wort Gottes so tief in uns eindringt, dass es in uns Frucht bringt und geboren wird. Dann geschieht das, was Angelus Silesius in die schönen Verse kleidet: »Ist deine Seele Magd und wie Maria rein, so muss sie augenblicks von Gotte schwanger sein.«

Maria und Elisabet

Auf meisterliche Art und Weise schildert Lukas die Begegnung zwischen Maria und Elisabet. Wenn Gott in einem Menschen wie Maria etwas bewirkt, dann setzt er sie auf andere hin in Bewegung. Das Heil, das Gott schafft, entfaltet sich in menschlichen Beziehungen und Begegnungen.

Zwei schwangere Frauen begegnen einander. Die Begegnung bringt in ihnen und zwischen ihnen etwas in Bewegung.

Maria macht sich auf den Weg. Lukas verwendet hier das Wort »anastas« – das gleiche Wort wie für die Auferstehung Jesu. Und Maria »steht auf« und wandert über das Gebirge. Das Wandern ist für Lukas wichtig. Jesus ist der göttliche Wanderer, der mit uns unsere Wege geht. Maria macht sich allein – ohne den Verlobten – auf die wohl viertägige Reise. Das ist für mich ein Bild dafür, dass sie ihren eigenen Weg geht und keine Angst vor den Hindernissen hat, die sich ihr in den Weg stellen. Sie hat sich auf Gott eingelassen. Nun wagt sie, aus dem Gewohnten auszubrechen und über die »Berge« von Vorurteilen, Hemmungen, Ängsten hinwegzugehen, um dort anzukommen, wohin sie sich gerufen weiß.

Um beim anderen wirklich anzukommen, muss ich selbst auch oft über das Gebirge von inneren Blockaden gehen. Solche Blockaden können sich äußern in Gedanken wie: »Die oder der andere hat ja keine Zeit.« – »Ich weiß nicht, ob ihr mein Besuch gelegen kommt oder ob ich sie störe.« – »Sie ist zu sehr mit sich und ihrer Schwangerschaft beschäftigt. Da kann sie mich gar nicht brauchen.« Es gibt viele innere Überlegungen, die uns von der Begegnung mit dem anderen abhalten. Oder aber es sind Berge von Vorurteilen, die zwischen uns stehen und eine wirkliche Begegnung verhindern. Diese Berge müssen überstiegen werden, damit ich wirklich beim anderen ankomme.

Als Maria bei Elisabet ankommt, begrüßt sie ihre Verwandte. Künstler stellen das oft so dar, als ob die beiden Frauen miteinander eins werden: Sie lassen sich aufeinander ein. Sie kommen sich nahe. Sie verstehen einander. Sie lassen die andere an sich heran. Sie spüren sie.

In Elisabets Schoß hüpft das Kind. In der Begegnung geschieht Bewegung. Das Innere beginnt sich zu regen. Das Kind steht für das ursprüngliche und unverfälschte Selbst. Man könnte sagen: Elisabet kommt in Berührung mit ihrem wahren Wesen. Durch die Begegnung mit Maria erkennt sie sich selbst. Und sie wird vom Heiligen Geist erfüllt. Dieser Heilige Geist bewegt Elisabet dazu, Worte zu sagen, die sie bisher noch nie gesagt hat: »Gesegnet bist du mehr als alle anderen Frauen, und gesegnet ist die Frucht deines Leibes.« (Lk 1,42)

Der Segen in dieser Begegnung geht von beiden Frauen aus: von Maria zu Elisabet und von Elisabet zu Maria. Beide werden füreinander zum Segen. Wenn Begegnung gelingt, dann ist diese immer ein Segen für die, die sich begegnen. Das lateinische Wort für segnen, »benedicere«, heißt: Gutes sagen, gut zum anderen sprechen. Im Segen sagt Elisabet gute Worte zu Maria. Und Segen bedeutet Fruchtbarkeit: Etwas Gutes wächst im anderen. Elisabet segnet die Frucht in Marias Leib, ihr Kind, das Gott ihr geschenkt hat. Und sie wünscht dieser Frucht, dass sie die ganze Welt befruchten möge und zum Segen für alle Menschen werde.

Elisabet erkennt zugleich mit dem Segen auch das Geheimnis ihrer Cousine Maria: »Wer bin ich, dass die Mutter meines Herrn zu mir kommt?« (Lk 1,43) Dieses Wort gilt für jede Begegnung. Wenn wir mit dem anderen nicht nur oberflächlich in Kontakt treten, sondern ihm wirklich begegnen wollen, dann müssen wir erkennen, dass er die »Mutter unseres Herrn« ist. Die Kirchenväter haben diese Formulierung so gedeutet, dass jeder Mann und jede Frau in ihrer Seele »Mutter Christi« werden soll. In jedem von uns will Christus geboren werden. So erkennen wir den anderen erst dann ganz, wenn wir in ihm Christus als den eigentlichen Kern sehen.

Bei Kursen lasse ich das oft konkret üben. Ich bitte die Teilnehmer, sich in zwei Reihen gegenüberzustellen. Jeder soll nun sein Gegenüber mit den Augen des Glaubens anschauen, die den anderen nicht bewerten und beurteilen, sondern in ihm oder in ihr Christus sehen. Dann darf sich jeder vor dem anderen verneigen, um so seinen Glauben an Christus in ihm oder in ihr auszudrücken.

Eine Beobachtung ist dabei auffällig: Vielen fällt es leichter, sich vor dem anderen zu verneigen, als die Verneigung des anderen vor sich selbst zuzulassen. Wir können vielleicht noch daran glauben, dass im anderen Christus ist, dass im anderen ein guter oder göttlicher Kern ist. Aber das von uns selbst zu glauben, fällt uns schwer.

Und doch können wir uns in der Begegnung zwischen Elisabet und Maria in beide Frauen hineinspüren. Auch von mir gilt, dass ich »Mutter Christi« bin. Ich bin gesegnet und die oder der Segnende.

Elisabet preist Maria selig: »Selig ist die, die geglaubt hat, dass sich erfüllt, was der Herr ihr sagen ließ.« (Lk 1,45) Maria ist selig, glücklich, weil sie an das geglaubt hat, was Gott ihr verheißen hat. Hier gebraucht Lukas das Wort »teleiosis«, das »Vollendung« und »Erfüllung« bedeutet. Wenn Gott zu uns spricht, dann sind dies keine leeren Worte. Das Wort Gottes bewirkt, was es verspricht. Und Gottes Wort vollendet in uns das, was brüchig und unvollkommen ist. Durch das Wort Gottes kommt die Fülle in unser Leben.

Doch es braucht unseren Glauben, damit sich das an uns erfüllen kann, was Gott uns verheißt. Maria ist selig zu preisen, weil sie geglaubt hat. Sie ist auch für uns zum Urbild des Glaubens geworden.

Dieser Glaube drückt sich aber nicht nur im Glauben an Gott aus, sondern auch in der Offenheit für den Menschen. Maria erfährt ihren Glauben in der Begegnung mit dem Engel, aber auch in der Begegnung mit Elisabet. Indem Elisabet ihren Glauben anspricht und sie dafür seligpreist, wird sie in ihrem Glauben gefestigt. So sind wir füreinander verantwortlich, dass wir in der Begegnung einem Menschen das zusprechen, was wir von Gott her über ihn erkennen. Solche seligpreisenden Worte tun dem anderen gut und stärken seinen Glauben.

Maria antwortet auf den Segen und die Seligpreisung durch Elisabet mit dem Lobpreis Gottes: »Meine Seele preist die Größe des Herrn … Denn auf die Niedrigkeit seiner Magd hat er geschaut. Siehe, von nun an preisen mich selig alle Geschlechter.« (Lk 1,46–48) Dies sind Worte voller Selbstvertrauen und voller Vertrauen auf Gott. Maria erkennt in der Begegnung mit Elisabet ihre eigene Würde und das Geheimnis ihres Lebens. Und sie schaut auf zu Gott, der ihr all das geschenkt hat, was sie so wertvoll macht.

Doch in dem wunderbaren Lied des Magnifikat, das die Kirche täglich zum Abendlob singt, weitet sich der Blick Marias auch über das eigene Leben hinaus auf Gott und sein Wirken in der Geschichte. Der Gott, der an ihr gehandelt hat, ist auch der Gott, der in der Geschichte Großes vollbracht und alle Maßstäbe dieser Welt umgestürzt hat. »Macht hat er geübt durch seinen Arm. Zerstreut hat er die, welche in den Gedanken ihrer Herzen hochfahrend sind, Mächtige von den Thronen gestürzt und Niedrige erhöht, Hungrige erfüllt mit Gütern und Reiche leer weggeschickt.« (Lk 1,51–53; zit. n.: Bovon 80)

Gott hat sich in der Geschichte als der erwiesen, der sein Heil wirkt. Dieses Heil kann jedoch Unheil für die Menschen bedeuten, die sich dem Heil verschließen. Wer seiner eigenen Macht vertraut, der wird vom Thron gestürzt. Gott ist ein Gott der Armen. Das hat er in der Geschichte gezeigt. Das zeigt er auch jetzt, indem er an dem jungen Mädchen handelt, das ohne vornehme Herkunft und ohne besondere Vorzüge ist und aus einem unbedeutenden Dorf stammt. Er erwählt sie zur Mutter seines Sohnes. In Jesus wird er das Umstürzen aller menschlichen Maßstäbe fortsetzen. Jesus wird sich gerade den Armen und Sündern zuwenden, sie aufrichten und ihnen ihren Wert verkünden, den sie vor Gott haben.

Die wunderbare Begegnung zwischen den beiden schwangeren Frauen hat die Menschen seit jeher fasziniert. Sie will auch uns einladen, mit neuen Augen auf die Begegnungen zu schauen, die uns immer wieder in unserem Leben und in unserem Alltag geschenkt werden. Wenn wir dabei ganz beim anderen sind, kommen wir auch zu unserem eigenen Wesen und Geheimnis. Und auch in uns kommt etwas in Bewegung. Wir erkennen, wer wir sind und was das Geheimnis des anderen ist. In der Begegnung geht uns auf, wer Gott für uns ist und welche Würde er uns geschenkt hat.

Die Begegnung zwischen Maria und Elisabet ist eine Begegnung zwischen zwei Frauen. Eine Frau wird für die andere zum Segen. Das ist nicht selbstverständlich. Wir erleben in unserer Gesellschaft oft auch viel Konkurrenz zwischen Menschen. Manche Frauen – aber auch Männer – beneiden andere, die beruflich weiter gekommen sind oder die in ihrer Denkweise offener sind.

Mir erzählen Frauen in Führungspositionen, dass sie am meisten Probleme mit Frauen haben, die ihr diese Aufgabe nicht gönnen und sie daher bekämpfen. Oder es gibt Schwestern, die sich nicht mögen und sich als Rivalinnen fühlen.

Als meine beiden Schwestern einmal miteinander einen Kurs für Frauen hielten, war das für viele Frauen eine Wohltat. Dass zwei Schwestern, ohne zu rivalisieren, miteinander einen Kurs geben, dass sie sich verstehen, das war für manche Frauen neu. Aber es war für sie auch ein Hoffnungszeichen, dass sich auch ihre Beziehung zur eigenen Schwester wandeln kann.

Die Begegnung zwischen Maria und Elisabet spricht die Sehnsucht vieler Frauen an, mit ihren Schwestern und mit anderen Frauen auf neue Weise umzugehen. Sie sehnen sich danach, wie Maria und Elisabet einander zu stützen und zu stärken. Sie sehnen sich danach, die Nähe einer anderen Frau zu spüren, durch die sie ihren eigenen Wert entdecken und sich ihrer eigenen Identität bewusster werden.

Es ist ein Ros entsprungen
aus einer Wurzel zart,
wie uns die Alten sungen,
von Jesse kam die Art,
und hat ein Blümlein bracht
mitten im kalten Winter
wohl zu der halben Nacht.

Das Röslein, das ich meine,
davon Jesaja sagt,
ist Maria, die Reine,
die uns das Blümlein bracht.
Aus Gottes ewgem Rat
hat sie ein Kind geboren
und blieb doch reine Magd.

Das Blümelein so kleine,
das duftet uns so süß;
mit seinem hellen Scheine
vertreibt's die Finsternis,
wahr' Mensch und wahrer Gott,
hilft uns aus allem Leide,
rettet von Sünd und Tod.

Text: Mainz um 1587/88; Str. 3: Friedrich Layritz 1844

Liedmeditation

Es ist ein Ros entsprungen

Das bekannte Weihnachtslied »Es ist ein Ros entsprungen« verkündet das Geheimnis der Menschwerdung im Bild des Rosenstocks.

Entstanden ist es wohl in der Frömmigkeitsbewegung der »Devotio moderna«, einer mystischen Richtung des 15. Jahrhunderts. In dieser Richtung war die persönliche Beziehung zu Gott besonders wichtig.

Aufgeschrieben wurde das Lied erst im Jahre 1588 von einem Mönch, Fr. Conradus, in Trier. Damals hatte es 19 Strophen, von denen sich aber nur zwei Strophen durchgesetzt haben. Die dritte Strophe hat in der Zeit der Romantik der evangelische Pfarrer Friedrich Layritz hinzugefügt – in ein typisch katholisches Lied, das aber von evangelischen Christen genauso gerne gesungen wurde und wird.

Text und Melodie des Liedes »Es ist ein Ros entsprungen« wollen unser Herz öffnen für das Geheimnis der Geburt Jesu Christi aus Maria. Maria erfüllt hier die Verheißung des Propheten Jesaja. Dort steht geschrieben, dass Gott aus dem abgehauenen Wurzelstock einen neuen Trieb, ein neues Reis entstehen lässt. Wenn der so Verheißene kommt, dann – so schreibt der Prophet – wohnt der Wolf beim Lamm, dann weiden Löwe und Kalb zusammen.

In diesem alten Lied wird die Geburt Jesu hineingestellt in den Winter, wie wir ihn hierzulande kennen. Jesus ist wie eine Blume, die mitten in der Kälte des Winters und mitten in der Dunkelheit der Nacht aufblüht. Maria ist der Rosenstock. Sie bringt Christus, das Blümlein, hervor, weil Gott selbst an ihr gehandelt hat.

So wird Maria auch zum Bild für uns Christen heute: Wie Maria sollen auch wir Christus hervorbringen. Wenn Christus in uns geboren wird, dann wird die Kälte unseres »Winters« vertrieben, dann weicht die Dunkelheit der Nacht in unserem Herzen dem Licht Christi. Indem wir die Melodie dieses stillen und zärtlichen Liedes in unser kaltes Herz dringen lassen, will uns die Liebe, die in Jesu Geburt aufstrahlt, erfüllen und wärmen.

Maria und Josef

Maria und Josef ziehen, so das Evangelium, gemeinsam nach Betlehem, um sich »eintragen« zu lassen. Die Exegeten sind sich nicht klar, was diese Eintragung bedeutet. Denn die Zeitgeschichte kennt keinen Erlass des Kaisers Augustus für eine solche Steuerschätzung. Allerdings hat Kaiser Augustus immer wieder seine Bewohner in den Provinzen zählen lassen.

Lukas verwendet hier das griechische Wort »apographe«. Es meint die offizielle Einschreibung jedes Einwohners, damit die Militärpflicht und die Kopfsteuer festgelegt werden konnten. Davon zu unterscheiden ist die »apotimesis«, bei der man sein Einkommen und seine Güter angeben musste. Ganz gleich, wie es nun um die politischen Hintergründe dieser Einschätzung steht – solche Einschreibungen gab es zur Zeit Jesu im Gebiet von Syrien und Palästina auf jeden Fall –, Lukas will mit der Geburtsgeschichte Jesus ein Gegenprogramm zur Regierung des Kaisers Augustus aufstellen: Hier wird ein Kind in Armut geboren, doch in ihm drückt sich Gottes Herrlichkeit und Herrschaft aus. Dieses Kind wird in der Ohnmacht seiner Liebe diese Welt eindrucksvoller verwandeln, als es kaiserliche Macht mit ihren militärischen und organisatorischen Mitteln je vermag.

Es war damals nicht notwendig, dass Josef seine Verlobte mit zur Einschreibung nahm. Denn das kann der Mann allein für die ganze Familie tun. Außerdem ist es nicht üblich, dass ein Mann seine Verlobte mitnimmt, die noch unter der Obhut des Vaters steht. Noch dazu ist die Verlobte schwanger. Lukas kommentiert das nicht. Er nimmt es als selbstverständlich. Für damalige Ohren war es schockierend.

Der Evangelist Matthäus lässt einen Engel dem Josef verkünden, dass er seine Verlobte als Frau zu sich zu nehmen soll, obwohl sie nicht von ihm schwanger war. (Vgl. Mt 1,20) Ein Engel muss dort eingreifen, damit Josef seine Frau nicht entlässt und sich von ihr trennt. Matthäus nennt Josef einen gerechten Mann. Er handelt nicht nach dem Buchstaben des Gesetzes – dann müsste Maria gesteinigt werden –, sondern er wird dem Menschen gerecht. Er richtet nicht über andere, sondern richtet sie auf.

Lukas erzählt uns einfach, dass beide sich miteinander auf den Weg von Nazaret nach Betlehem machen. Josef lässt seine schwangere Verlobte nicht im Stich. Er steht zu ihr. Wenn man nach einer Haltung des Josef im Lukasevangelium fragt, so ist es vor allem die Liebe zum Frieden. Josef ist kein Revolutionär. Er möchte auch mit der feindlichen Regierungsmacht, die ihn zur Einschreibung zwingt, Frieden halten. Er grenzt sich damit von den Zeloten ab, einer Gruppe innerhalb des Judentums, die gegen alle römischen Erlasse rebellierte und oft auch gewaltsam gegen die Römer vorging. Der Josef des Lukasevangeliums spiegelt innere Ruhe und Friedensbereitschaft wider, eine Haltung, die die Künstler oft auf ihren Weihnachtsbildern dargestellt haben.

Die Geburt Jesu führt Josef und Maria zusammen. Sie übernehmen beide die Verantwortung für das Kind. Maria und Josef sind kein normales Paar. Sie sind einander verlobt worden. Nun müssen sie sich aber selbst füreinander entscheiden. Und das geht nicht ohne Zweifel. Doch gerade darin werden sie zum Vorbild für viele Ehepaare. Es gibt kein Ehepaar, das nicht auch den Zweifel kennt. Da zweifelt der Mann, ob seine Frau wirklich zu ihm passt. Und die Frau zweifelt, ob sie mit diesem Mann glücklich sein wird und das ganze Leben mit ihm zu teilen vermag.

In solchen Situationen braucht es auch den Engel, der uns im Traum erscheint und uns Mut macht, uns für die Frau oder den Mann zu entscheiden. Ein Engel kann uns mitten im Zweifel das Vertrauen schenken, mit unserem Partner bzw. unserer Partnerin den Weg gemeinsam zu gehen – durch alle äußeren Bedrängnisse und Unsicherheiten hindurch, trotz aller politischen Turbulenzen, wie sie etwa Maria und Josef durchleben mussten. Wir brauchen in der Beziehung zwischen Mann und Frau den Engel, der uns befähigt, einander bedingungslos anzunehmen und uns wie Maria und Josef einander auf dem Weg zu begleiten. Durch diese bedingungslose Annahme des anderen wächst das Vertrauen in den anderen. Wir können uns aufeinander verlassen. Und unser gemeinsamer Weg wird zum Segen für uns und für andere Menschen, mit denen wir uns verbunden fühlen.

Bei der Schilderung der Reise nach Betlehem steht Josef im Mittelpunkt. Er trifft die Vorbereitung für die Reise und nimmt seine Verlobte mit.

Josef wird nochmals feierlich vorgestellt: »Er war aus dem Haus und Geschlecht Davids.« (Lk 2,4) Das ist für Lukas der Grund, dass er nach Betlehem, in die Stadt Davids muss, um sich eintragen zu lassen.

Lukas weiß, dass die Reise aus dem niedrig gelegenen Galiläa in das Bergland von Judäa ein Aufstieg ist. Nach der Verkündigung des Engels hat zunächst Maria allein diesen Aufstieg gewagt. Jetzt begleitet sie ihren Verlobten, der der eigentlich Handelnde bei dieser Reise ist. Mit seinem Aufbruch nach Betlehem gehorcht Josef dem Edikt des Kaisers. Doch im Gehorsam dem Kaiser gegenüber vollzieht sich etwas, was sich der Macht des Kaisers entzieht. Sowohl Josef als auch Maria sind letztlich Gott gegenüber gehorsam. Sie horchen auf das, was Gott ihnen zutraut. Und in diesem Gehorsam wird ihr gemeinsamer Weg zum Ort, an dem Gottes Heil für die ganze Welt geschieht.

Bei der Geburt in Betlehem steht Maria im Mittelpunkt. »Als sie dort waren, kam für Maria die Zeit ihrer Niederkunft, und sie gebar ihren Sohn, den Erstgeborenen. Sie wickelte ihn in Windeln und legte ihn in eine Krippe, weil in der Herberge kein Platz für sie war.« (Lk 2,6f) Maria erlebt eine ganze normale Geburt – mit den Schmerzen, die jede Mutter durchlebt. Aber sie ist nicht allein. Ihr Verlobter Josef steht zu ihr und unterstützt sie. Und dann tut sie das, was jede Mutter tut. Sie wickelt ihr Kind in Windeln und legt es in eine Krippe.

In diesem letzten Wort wird das Besondere dieser Geburt sichtbar. Maria hat kein Bett, in das sie ihr Kind legen kann. Die Geburt geschieht in der Fremde, nicht in der Herberge, nicht in einem Wohnraum, wie ihn manche Häuser für die Reisenden zur Verfügung stellen. Im Wohnraum, in der Herberge, im gastlichen Haus war kein Platz für sie.

Normalerweise gibt es bei Juden wie bei Griechen die heilige Pflicht der Gastfreundschaft, so dass die Durchreisenden darauf vertrauen dürfen, aufgenommen zu werden. Doch Lukas schildert die Geburt Jesu in der Fremde: in einem Stall. Maria und Josef wurden nicht gastfreundlich aufgenommen. Sie müssen sich unterhalb des Hauses, im Stall, in einer Höhle mit Futterkrippen, zurechtfinden. Dort, wo die Tiere hausen, wird Jesus geboren: in Armut, nicht unter Menschen, sondern inmitten der Tiere. Vermutlich ist der Geburtsort eine Höhle, über die das Haus gebaut ist. Dort gibt es in den Fels gehauene Steintröge. In so eine Futterkrippe legt Maria ihr Kind.

Die Volksfrömmigkeit hat die Szene der Herbergssuche breit ausgemalt. Da gehen Maria und

Josef von Haus zu Haus, klopfen an die Türen und bitten um Aufnahme. Doch überall werden sie abgewiesen. In diesem Spiel der Herbergssuche oder in den vielen Liedern, die sie besingen, drücken viele Menschen aus, was jeder von uns schon erfahren hat: Ablehnung, Abweisung, Kälte. Doch zugleich besingt das Volk darin auch die Hoffnung, dass Gott selbst die Ablehnung noch in Segen verwandeln wird, dass er auch uns, die wir oft genug Abweisung erfahren, segnet und uns im Glauben stärkt. Er hilft, dass unser Leben dennoch gelingt und wir gerade auf dem Hintergrund unserer schmerzlichen Erfahrungen zum Segen für viele werden.

Künstler und Dichter haben das Geheimnis dieser Geburt im Stall mit immer neuen Bildern und Deutungen ausgemalt. C. G. Jung, der Schweizer Therapeut, hat den Stall als Bild für uns gesehen: Wir sollen immer wissen, dass wir nur der Stall sind, in dem Gott geboren wird.

Das ist eine Verheißung für uns. Wir sind nicht perfekt, wir sind kein Palast, den wir für Gott großartig gebaut haben. In die Armut unseres Herzens wird Gott hineingeboren. Dort, wo normalerweise das Futter für die Tiere liegt, hat Gott seinen Sohn hineingelegt, um unseren tiefsten Hunger zu stillen und uns mit seinem göttlichen Leben und seiner Liebe zu nähren.

Manche Künstler haben die Futterkrippe wie einen Altar gestaltet, um an die Eucharistie zu erinnern: Jesus wird uns gegeben, damit er unsere wahre Nahrung sei, die uns mit göttlichem Leben erfülle.

Andere haben das Geheimnis aufgegriffen, dass Jesus inmitten der Tiere geboren wird. Seit es Darstellungen von der Geburt Jesu gibt, sind Ochs und Esel dabei, obwohl die beiden Tiere bei Lukas nicht erwähnt sind. Doch schon der im 3. Jahrhundert lebende Kirchenschriftsteller Origenes hat eine Stelle aus dem alttestamentlichen Buch Jesaja in Beziehung zur Krippe in Betlehem gesetzt: »Der Ochse kennt seinen Besitzer und der Esel die Krippe seines Herrn; Israel aber hat keine Erkenntnis, mein Volk hat keine Einsicht.« (Jes 1,3)

Während die Menschen Jesus nicht als den Messias erkennen, verehren Ochs und Esel in dem Kind in der Krippe ihren Herrn. Der Kirchenvater Gregor von Nyssa deutet das Bild von Ochs und Esel so: Der Ochse stehe für das jüdische Gesetz, an das er gebunden ist wie an ein Joch. Der Esel sei Symbol für die Heiden. Denn er trage die Last des Götzendienstes. Zwischen Ochs und Esel liege das göttliche Kind, das sowohl Juden wie Heiden von ihrem Joch und ihrer Last befreie.

Ein beliebtes Motiv in der Malerei ist auch, den Stall, in dem Jesus geboren wird, als Ruine darzustellen. Damit beziehen sich die Künstler auf die Verheißung beim Propheten Amos, dass Gott »die zerfallene Hütte Davids wieder aufrichten« wird (Amos 9,11).

Für uns bedeutet das, dass Gott durch die Geburt Jesu die Ruine des menschlichen Lebens wiederherstellt. Unser Leben ist zu einer Ruine geworden. Vieles in uns ist durch Hass und Feindschaft und Krieg zerstört worden. Gott heilt durch die Geburt Jesu unsere Wunden und lässt seine Herrlichkeit mitten in den Ruinen unseres Lebens aufstrahlen. Er baut unser beschädigtes Lebenshaus wieder auf, das uns keine Heimat mehr bietet, so dass wir darin wohnen können und uns darin geborgen fühlen.

In den Ikonen des Ostens ist Maria groß dargestellt, wie sie nach der Geburt erschöpft im Bett liegt. Ihr Kind ist oberhalb in einer Krippe oder auf dem Altar abgebildet. Sie schaut das Kind gar nicht an, sondern verweist den Beschauer der Ikone auf das Kind.

In den westlichen Bildern hat Maria das Kind entweder im Arm oder aber es liegt am Boden. Maria kniet vor dem Kind und betet es an. Sie meditiert nun das, was geschehen ist. Sie hat die Hände gefaltet und schaut anbetend auf das Kind.

Sie spürt, dass es nicht ihr gehört, sondern Gott und allen Menschen. Aber in ihrem Gesicht ist eine tiefe Dankbarkeit, dass sie die Mutter dieses Kindes sein darf.

Wunderbar ist das Bild des nach 1400 in Meersburg geborenen Stefan Lochner, das in der Münchner Pinakothek hängt. Maria kniet als zarte und innig betende Frau in der Mitte des Bildes. Ihr offenes Haar weist auf ihre Jungfräulichkeit hin. Sie faltet die Hände zur Anbetung und schaut auf das Kind. Beide schauen einander an, beide tragen einen goldenen Heiligenschein. Das nackte Kind liegt auf einem weißen Tuch, das an ein Korporale erinnert, auf das in der Eucharistiefeier die Hostie gelegt wird. Das Kind erwidert die anbetende Geste Marias mit einer Segensgebärde. Maria wird vom eigenen Kind gesegnet.

Josef wird auf den Bildern unterschiedlich dargestellt. Auf den Ikonen sitzt er oft abseits und denkt über das Geschehen nach. Manchmal hat sein Gesicht den Ausdruck des Zweifels. Was da geschehen ist, ist ihm noch fremd.

Im Westen wird Josef oft anders dargestellt: etwa als »Hausmann«, der das Feuer schürt, um den Brei für das Kind zu wärmen. Oder er steht schützend hinter Maria und schaut erstaunt und dankbar auf das Kind. Oder aber er hält eine Kerze in der Hand, die er vor dem Ausgehen schützt. Doch das Licht des Kindes überstrahlt die Kerze. Josef wird im Mittelalter zum Nährvater Jesu, der für Mutter und Kind liebevoll sorgt und der der zärtlichen Beziehung zwischen Mutter und Kind den Rückhalt von Kraft und Sicherheit verleiht.

Damit hat die Kunst die wenigen Andeutungen, die die Bibel über die Person des Josef macht, weiter entfaltet. Im Lukasevangelium spielt Josef nur in der Kindheitsgeschichte eine Rolle, denn im Mittelpunkt dieser Geschichte steht die Mutter mit ihrem Kind.

Bei Matthäus dagegen ist Josef der eigentlich Handelnde. Er nimmt die schwangere Frau zu sich. Er erfährt im Traum, dass er für die Frau sorgen soll. Ein Engel tritt in entscheidenden Situationen zu ihm und weist ihn an, wie er handeln soll. So soll er die Mutter und das Kind nehmen und nach Ägypten fliehen, weil Herodes dem Kind nachstellt. Josef bietet also einen Schutzraum für die Mutter und das Kind. Auch in der Fremde Ägyptens schützt Josef die kleine Familie. Als Herodes gestorben war, offenbart wiederum ein Engel dem Josef, dass er in das Land Judäa zurückkehren soll. Und unterwegs ändert der Engel in einem neuen Traum die Reiseroute. Josef soll nun nicht nach Betlehem, sondern nach Nazaret ziehen.

In der Mitte der Beziehung zwischen Maria und Josef steht das Kind – so sehen wir es auf den Weihnachtsbildern. Aber auch bei Matthäus und Lukas dreht sich alles um das Kind. Bei Lukas ist es die Mutter, die das Kind umsorgt, es in Windeln wickelt und in die Krippe legt. Bei Matthäus ist es Josef, der Maria zu sich nimmt und nach der Geburt für die Mutter und das Kind sorgt. Beide haben ihre Rollen. Über ihre gegenseitige Beziehung wird nicht viel gesagt.

Nach der Kindheitsgeschichte verliert sich die Gestalt des Josef. Er wird nicht mehr erwähnt. Doch Jesus gilt als der Sohn des Zimmermanns. Also müsste Josef noch leben, als Jesus öffentlich auftritt.

Aber alle diesbezüglichen Aussagen über Josef sind immer ein Stück Spekulation. Wir können nur festhalten, dass Maria und Josef sich von Gott und seinem Engel in Dienst nehmen lassen und sich auf das einlassen, was Gott ihnen zumutet. Beide sind gehorsam. Beide hören auf Gottes Wort. Und beide beteiligen sich so am heilenden und rettenden Wirken Gottes.

Viele Weihnachtsbilder zeigen, dass Maria und Josef gemeinsam auf das Kind schauen. Das Kind führt sie zusammen. Das Kind ist die Klammer, die die Eltern zusammenhält. Sie haben das Kind als Geschenk Gottes angenommen. In der Sorge für das Kind wachsen sie zusammen. So wird Jesus für sie und ihr Miteinander zum Segen.

An Weihnachten dürfen Familien mit kleinen Kindern oft eine ähnliche Erfahrung machen, wie sie auf den Bildern von der Geburt Jesu dargestellt ist. Da freuen sich die Eltern an den strahlenden Blicken der Kinder, die den Christbaum und die Krippe bestaunen. Die Freude der Kinder führt die Eltern auf neue Weise zusammen. Die Kinder motivieren die Eltern, das Fest mit viel Liebe vorzubereiten und sich gemeinsam zu überlegen, was sie den Kindern schenken könnten. Die Freude, die die Eltern den Kindern bereiten, erhalten diese durch die Kinder zurück. Diese Erfahrung von Weihnachten schwingt in vielen Familienfeiern mit.

Allerdings kann man dieses Erlebnis des Festes nicht konservieren. Es wird sich mit dem Heranwachsen der Kinder ändern. Dann braucht es eine andere Motivation, das Weihnachtsfest so zu feiern, dass Eltern und Kinder sich auf neue Weise begegnen.

Oft geschieht es allerdings, dass die zu hohe Erwartung an die heile Familie in gegenseitigen Vorwürfen und Konflikten endet. Daher ist es jedes Jahr eine neue Herausforderung, sich durch die Meditation des Weihnachtsgeheimnisses verwandeln zu lassen, so dass man einander versöhnt und mit einem neuen Glauben an das Gute im anderen begegnen kann. Alle, Eltern wie Kinder, sind an Weihnachten herausgefordert, die Mitte ihrer Gemeinschaft neu zu entdecken. Nur wenn sie gemeinsam auf das göttliche Kind in der Krippe schauen, wird ein neues Miteinander möglich. Wenn sie nur aufeinander schauen und ihre Fähigkeiten, Gaben und Geschenke miteinander vergleichen, dann werden sie sich immer mehr entfremden. Es braucht die Mitte des Geheimnisses, damit die Familie an Weihnachten ein Ort der Heimat sein kann. Denn daheim sein kann man nur dort, wo das Geheimnis des Mensch gewordenen Gottes wirklich wohnt.

Der Engel und die Hirten

Zum Weihnachtsfest gehören die Hirten. Lukas erzählt uns von den Hirten, die auf freiem Feld lagern und Nachtwache bei ihrer Herde halten. Die Hirten haben sowohl für Israel als auch für die Griechen eine wichtige Bedeutung. Mose und David waren genau wie die Patriarchen Abraham, Isaak und Jakob Hirten. Gott hat Hirten erwählt, sein Volk zu leiten. Doch Gott ist der eigentliche Hirte für sein Volk. Er ist Vorbild für den guten Hirten und ermahnt die Könige immer wieder, ihre Macht nicht zu missbrauchen, sondern wie er selbst für die Menschen zu sorgen. Bei den Griechen waren die Hirten die Empfänger göttlicher Botschaften. Sie waren Zeugen für die Geburt des göttlichen Kindes.

Die Hirten im Lukasevangelium sind mit der Natur in Berührung. Sie schützen ihre Herde in der Nacht: Während andere schlafen, halten sie Wache. Wachend geht ihnen das Geheimnis der Nacht auf. Sie werden eingeweiht in die tiefen Geheimnisse. Bei den Griechen werden die Hirten immer auch als besonders begabt für die Liebe angesehen. Die Hirtenlieder sind daher immer auch Liebeslieder.

Doch der Hochschätzung der Hirten durch die Griechen entspricht zur Zeit Jesu ihre Geringschätzung durch die Pharisäer. Die Hirten gelten ihnen als wenig fromm und oft genug als Sünder. Sie leben außerhalb der Stadt und sind deshalb vom normalen Stadtleben ausgeschlossen. Und doch stehen sie im Dienst der Menschen, die ihnen ihre Herden anvertrauen.

Genau zu diesen Hirten kommt nun der Engel. »Da trat der Engel des Herrn zu ihnen, und der Glanz des Herrn umstrahlte sie. Sie fürchteten sich sehr, der Engel aber sagte zu ihnen: Fürchtet euch nicht, denn ich verkünde euch eine große Freude, die dem ganzen Volk zuteil werden soll.« (Lk 2,9f)

Hier kommt es zu einer Begegnung, die die Hirten verwandelt. Zunächst wandelt sich ihre

Nacht in hellen Glanz. Im Engel umstrahlt sie letztlich Gottes Licht. Nicht die Krippe ist vom Licht umstrahlt, sondern die Hirten, die draußen vor der Stadt ihre Herden bewachen. Dann verwandeln sich die Hirten. Sie, die ohne Angst Nachtwache halten und ihre Herden vor Feinden beschützen, fürchten sich auf einmal. Sie spüren, dass mit dem Engel etwas Göttliches in ihr Leben eintritt. Sie können nicht mehr bleiben, wie sie sind. Sie werden in ihrem Herzen berührt. Die Furcht öffnet sie für das göttliche Geschehen: für etwas, was ihren beruflichen Horizont übersteigt.

Der Engel, der sie mit seinem Licht im Herzen berührt hat, spricht sie nun an. Seine Worte nehmen die Beziehung auf, die durch die Erscheinung schon entstanden ist. Das erste Wort, das die Hirten in ihrer konkreten Situation trifft, will die Furcht nehmen. Die Engel in der Bibel sprechen die Menschen meistens so an. Gott bewirkt im Menschen durch seinen Engel Furcht. Die Furcht öffnet das Herz für das Erschreckende, das mit Gottes Herrlichkeit verbunden ist. Doch dann wird diese Furcht genommen. Der Engel will mit seinen Worten die Angst in Vertrauen verwandeln. Und er verkündet den Hirten eine große Freude, die nicht nur ihnen gilt, sondern dem ganzen Volk. Es ist dies keine oberflächliche

Freude, sondern eine Freude, die genauso tief in das Herz eingreift wie die Furcht.

Was Lukas in der Begegnung zwischen den Hirten und dem Engel erzählt, gilt auch für uns heute. Wenn Gott in unser Leben tritt – durch die Erfahrung eines Engels, durch die leisen Impulse, die in unserem Herzen auftauchen, durch einen Traum, durch eine Vision, durch eine Erfahrung, die uns tief im Herzen berührt –, dann reagieren wir oft mit Furcht.

Diese Furcht vor Gott hat nichts mit dem Angst machenden Gottesbild zu tun, das uns vielleicht als Kind verkündet worden ist. Sie ist vielmehr die menschliche Reaktion auf den ganz anderen Gott, der alles in uns erschüttert und unser festes Weltbild zum Wanken bringt. Diese Furcht öffnet uns für die Freude, die Gott uns durch den Engel verkündet. Es ist eine andere Qualität der Freude als die oft oberflächliche Freude – beispielsweise über den Gewinn im Lotto oder über eine gute Beurteilung, die wir erfahren. Es ist eine Freude, die unser ganzes Herz erfüllt. Und es ist eine Freude, die wir nicht für uns behalten sollen, sondern die wir mit den Menschen um uns herum teilen sollen.

Wenn der Engel in unser Leben eintritt, dann verwandeln wir uns. Die Furcht verwandelt sich in Ehrfurcht und Betroffenheit. Dann entsteht in uns Vertrauen in das, was uns im Innersten berührt. Wir horchen auf die Stimme des Engels und gehorchen ihr. Daraus entsteht eine neue Sicht unseres Lebens und ein neues Gestimmtsein: Freude und Glückseligkeit prägen uns.

In den Worten des Engels wird der Grund dieser Freude sichtbar: »Heute ist euch in der Stadt Davids der Retter geboren; er ist der Messias, der Herr.« (Lk 2,11) Siebenmal wird Lukas in seinem Evangelium dieses Wort »heute« gebrauchen, angefangen von der Geburt Jesu über seine Taufe, über das erste Auftreten in der Synagoge von Nazaret, über das erste Heilungswunder, über den Besuch bei Zachäus und schließlich am Kreuz: »Heute noch wirst du mit mir im Paradies sein.« (Lk 23,43)

Das, was damals in Judäa geschehen ist, soll in der Liturgie immer wieder an uns geschehen. Die heilende Geschichte wird immer wieder für uns gegenwärtig, damit unser Leben heil und ganz wird. Heute feiern wir die Geschichte Jesu, damit wir unsere eigene Lebensgeschichte im Lichte Jesu verstehen und unsere Wunden geheilt werden.

Und dann verkündet der Engel die Geburt des Retters. In der griechischen Welt werden alle helfenden und heilenden Götter als »Soter«, als »Retter« bezeichnet. »Soter« ist aber auch der Heiler, der Heiland, der unsere Wunden heilt und der uns aus allen Gefährdungen befreit. Dieser Retter wird mit zwei anderen Worten erklärt: Es ist der Messias, der Herr.

Messias bezeichnet denjenigen, der die jüdische Verheißung erfüllt. Nach dem Messias hat sich das Volk Israel gesehnt. Er soll das Volk retten und befreien und ihm Frieden, Glück und Freiheit bringen. Der andere Ausdruck, »kyrios«, »Herr«, ist in der Septuaginta, der griechischen Übersetzung des Alten Testamentes, immer für Gott reserviert. Die Griechen und Römer bezeichnen den Kaiser als »Kyrios«.

Jesus ist Retter, Messias und Herr dieser Welt. Und in ihm erscheint Gott selbst als derjenige, der die Herrschaft über sein Volk übernimmt. Lukas liebt das Mehrdeutige. Seine Worte lassen vieles zugleich anklingen. In diesen drei Worten klingt die ganze Theologie vom Geheimnis Jesu an. Jesus heilt als göttlicher Arzt unsere Wunden. Er ist der Messias, der unsere tiefste Sehnsucht nach Frieden und Freiheit erfüllt. In ihm leuchtet Gott, der Herr, selbst auf. Und er ist der Herr dieser Welt.

Das scheint ein Paradox zu sein. Dieses Kind, das in einer Krippe liegt, soll der eigentliche Herr dieser Welt sein. Gott soll in diesem armen und hilflosen Kind mitten im Reich des mächtigen Kaisers Augustus ein neues Reich aufrichten.

Der Evangelist Lukas entwickelt hier ein politisches Gegenprogramm gegen den Weg des römischen Kaisers, sein Reich mit Waffengewalt immer mehr zu vergrößern und zu sichern. Das Reich, das Gott in Jesus errichtet, liegt auf einer anderen Ebene. Es wird nicht mit militärischer Macht errichtet, sondern durch die Ohnmacht der Liebe, die in dem Kind in der Krippe aufscheint.

So verweist der Engel die Hirten auf das Kind in der Krippe: »Und das soll euch als Zeichen dienen: Ihr werdet ein Kind finden, das, in Windeln gewickelt, in einer Krippe liegt.« (Lk 2,12) Dies ist ein eigenartiges Zeichen. Ein Kind, das in Windeln gewickelt ist, ist etwas Alltägliches. Nicht so alltäglich ist, dass es in einer Krippe, in einem Futtertrog, liegt. Das ist Zeichen von Armut und Fremdheit in dieser Welt. Die Menschen suchen immer nach Zeichen. Gott antwortet auf diese Suche. Aber er antwortet auf seine göttliche Weise. Jesus wird in seinem Wirken die Sucht der Juden tadeln, Zeichen sehen zu wollen. Er lässt gegenüber der Zeichenforderung der Menschen nur das Zeichen des Jona gelten. Dies liegt auf der gleichen Ebene wie das Zeichen der Krippe. Es sind verborgene, nicht erwartete Zeichen.

Diese Verborgenheit wird dann ihren Höhepunkt im Zeichen des Kreuzes finden. Mitten in der Schwäche des sterbenden Jesus erscheint der wahrhaft gerechte Mensch, der Sohn Gottes, der mit seiner Liebe allen Hass dieser Welt überwindet. So verweist die Krippe im Stall von Betlehem schon auf das Kreuz. Sie weist auf einen anderen Messias und einen anderen Herrn hin – jenseits aller vordergründigen Erwartungen und Hoffnungen.

Dieses Zeichen wird nicht den Mächtigen gegeben, sondern den Armen. Und dieses Zeichen ist kein mächtiges Zeichen, das alle durch seine Großartigkeit überzeugen wird. Es ist vielmehr ein Zeichen der Armut und ein Zeichen, dem widersprochen wird. Das Heil, das Gott in Jesus wirkt, widerspricht unseren menschlichen Erwartungen. Es geschieht in der Verborgenheit: in der Armut, in der Schwachheit. Doch von diesem Zeichen der Krippe geht ein Licht aus, das die ganze Welt erleuchtet, und eine Kraft, die diese Welt nachhaltiger als die römische Militärmacht verwandeln wird.

Den Hirten, die ihr Herz dem Engel der Verkündigung öffnen, wird die theologische Botschaft von der Geburt Jesu und seiner Bedeutung für die ganze Welt verkündet und enthüllt.

Die Hirten stehen für uns. Auch uns, die wir außerhalb der Stadt sind, die auf freiem Feld lagern und nachts oft genug wachen, weil wir keinen Schlaf finden, will der Engel das Geheimnis der Erlösung verkünden. Auch in uns will Christus, der Retter und Herr, geboren werden, um uns zu heilen und um in uns zu herrschen.

Wenn Christus in uns herrscht, dann verliert die Herrschaft dieser Welt ihre Macht über uns. Dann können uns die Menschen mit ihren Erwartungen und Forderungen nicht mehr bestimmen. Wenn Christus in uns herrscht, dann sind wir voller Glanz, dann kommen wir mit dem ursprünglichen Glanz in Berührung, den Gott uns einst bei der Geburt geschenkt hat, dann werden wir ganz wir selbst.

»Vom Himmel hoch, da komm ich her,
ich bring euch eine neue Mär;
der guten Mär bring ich so viel,
davon ich singn und sagen will.

Euch ist ein Kindlein heut geborn
von einer Jungfrau auserkorn,
ein Kindelein so zart und fein;
das soll eur Freud und Wonne sein.

Es ist der Herr Christ, unser Gott,
der will euch führn aus aller Not;
er will eur Heiland selber sein,
von allen Sünden machen rein.

Er bringt euch alle Seligkeit,
die Gott der Vater hat bereit',
dass ihr mit uns im Himmelreich
sollt leben nun und ewiglich.

So merket nun das Zeichen recht:
die Krippe, Windelein so schlecht;
da findet ihr das Kind gelegt,
das alle Welt erhält und trägt.«

Des lasst uns alle fröhlich sein
und mit den Hirten gehn hinein,
zu sehn, was Gott uns hat beschert
mit seinem lieben Sohn verehrt.

Text: Martin Luther 1535

Liedmeditation

Vom Himmel hoch, da komm ich her

Zur Zeit Martin Luthers war es üblich, dass man in der Weihnachtszeit vor der Kirche Krippenspiele veranstaltete. Für so ein familiäres Krippenspiel hat er selbst im Jahre 1533 das Lied »Vom Himmel hoch, da komme ich her« gedichtet. Luther hält sich dabei an den Text, den uns Lukas in seinem biblischen Evangelium überliefert hat, und faltet ihn dichterisch weiter aus.

Die Botschaft, dass das neugeborene Kind Retter, Messias und Herr ist, deutet Luther dreifach in seinem Text: »der will euch führn aus aller Not, er will eur Heiland selber sein, von allen Sünden machen rein.«

Aber Luther begnügt sich nicht mit der reinen Theologie. Er betont für seine Kinder beim Krippenspiel, dass das Kind in der Krippe für uns alle »Freud und Wonne« sein soll und dass es uns alle Seligkeit bringt.

Auf die Botschaft, die der Engel in den ersten Strophen vorträgt, antworteten beim Krippenspiel alle Beteiligten mit der Strophe, die wir heute noch singen: »Des lasst uns alle fröhlich sein und mit den Hirten gehn hinein ...«

Nach dieser gemeinsamen Strophe hatte jedes Kind mit einer eigenen Strophe an die Krippe zu treten und dem Jesuskind etwas vorzusingen. Diese Texte sind uns leider nicht mit dem Lied überliefert.

In der damals aufgewühlten Zeit hat man das Lied in der katholischen Kirche dem Liederbuch des Dominikaners Michael Vehe zugeschrieben. Die Ökumene war damals noch nicht so weit, dem Reformator für das Liedgut, das er den Christen geschenkt hat, dankbar zu sein. Aber dennoch hat sich das Lied und mit ihm die Theologie Luthers auch in der katholischen Kirche durchgesetzt. Hier zeigt sich: Lieder kennen keine konfessionellen Grenzen. Sie rühren das Herz an und öffnen es für das Geheimnis der Menschwerdung Gottes, in der uns Gott alle so reich beschenkt hat. In der Menschwerdung Gottes berührt er die Menschen aller Völker und Religionen.

Wenn wir das Lied »Vom Himmel hoch da komm ich her« singen, dürfen wir dankbar die Liebe Gottes zum Ausdruck bringen, die allen Menschen gilt. Und weil Gott in der Menschwerdung seines Sohnes alle Menschen in wunderbarer Weise angenommen hat, sollen auch wir unsere Mitmenschen annehmen als Brüder und Schwestern Jesu Christi.

Himmel und Erde

Die Begegnung zwischen dem Engel und den Hirten weitet sich aus. Sie wird zum Symbol für die Begegnung zwischen Himmel und Erde, die in der Geburt Jesu geschieht.

Zeichen für diese Begegnung ist der Lobgesang der Engel: »Und plötzlich war bei dem Engel ein großes himmlisches Heer, das Gott lobte und sprach: Verherrlicht ist Gott in der Höhe, und auf Erden ist Friede bei den Menschen seiner Gnade.« (Lk 2,13f)

Der Verkündigungsengel, der den Menschen die Botschaft Gottes nahebringt, wird vom himmlischen Heer der Engel umgeben. Diese Engel haben nicht die Aufgabe, den Menschen eine weitere Botschaft zu vermitteln. Sie gehören vielmehr zum himmlischen Hofstaat. Sie sind Ausdruck der göttlichen Herrlichkeit. In diesen singenden und lobenden Engeln öffnet sich der Himmel für die auf der Erde stehenden und damit im wahrsten Sinne des Wortes bodenständigen Hirten. Himmel und Erde verbinden sich in dieser Erscheinung der himmlischen Herrlichkeit.

Auch das Loblied, das die Engel anstimmen, thematisiert die Verbindung von Himmel und Erde. Es besteht aus zwei Zeilen mit jeweils drei Gliedern.

Die erste Zeile verkündet die »Herrlichkeit Gottes in der Höhe«. Im Himmel leuchtet durch die Geburt Jesu Gottes Herrlichkeit auf neue Weise auf. Der Gesang der Engel ist himmlische Liturgie, die für sich selbst gelten kann und die nur ganz selten auch für den Menschen erfahrbar wird, wenn Gott ihm eine Vision schenkt. Die Engel besingen den Lichtglanz, der Gott zu eigen ist. Den Menschen fehlt dieser Glanz. Er wurde von der Sünde verdunkelt. Doch in der Geburt Jesu werden Himmel und Erde miteinander verbunden. Da soll der ursprüngliche Glanz Gottes auch wieder im menschlichen Antlitz aufleuchten. Die Engel verbinden die himmlische Liturgie mit einer Aussage über die Menschen auf Erden. »Auf

Erden ist Frieden bei den Menschen seiner Gnade.« (Lk 2,14) In der Geburt Jesu schließt Gott Frieden mit den Menschen und schenkt ihnen seinen Frieden und im Frieden seine Herrlichkeit und seinen Lichtglanz. Gottes Friede steigt in seinem Sohn herab zu uns Menschen.

Dieser Frieden meint nicht den politischen Frieden, wie ihn Kaiser Augustus mit militärischen Mitteln geschaffen hat, sondern den Frieden mit Gott, den Frieden mit sich selbst und den Frieden untereinander. Frieden meint letztlich das Heilsein des Menschen. Wenn Gott Mensch wird, wenn seine Herrlichkeit vom Himmel auf die Erde herabsteigt, dann wird der Mensch, der in sich zerrissen und sich selbst entfremdet ist, heil und ganz. Er erfährt Frieden. Doch dieser Friede soll sich dann auch in der Welt durchsetzen, wirksamer als der durch militärische Macht erzwungene Friede.

Der Mensch ist zugleich ein Wesen der Erde und des Himmels. Er hat einen doppelten Ursprung. Doch oft ist er nur auf das Irdische fixiert und hat den Himmel in sich vergessen. Nur wenn sich in ihm Himmel und Erde wieder verbinden, lebt er seinem Wesen gemäß. Und nur wenn Himmel und Erde in ihm Frieden schließen, wird der Mensch fähig, auf dieser Erde mit allen Menschen in Frieden zu leben.

Die Exegeten haben viel über den Begriff »eudokias« nachgedacht. Die lateinische Übersetzung »bonae voluntatis« wurde als Aussage über den Menschen gedeutet: der Frieden Gottes wird den Menschen zuteil, die »guten Willens« sind. Doch »eudokia« meint den Willen Gottes, den göttlichen Entschluss, dem Menschen Heil zu schaffen. Daher übersetzen wir heute meistens mit »den Menschen des Wohlgefallens« oder »den Menschen seiner Gnade«. Der Friede wird denen zuteil, an denen Gott Wohlgefallen hat. Und das sind alle Menschen. Doch die zärtliche Zuwendung Gottes in seinem Sohn (das meint Gnade) werden nur die erfahren, die sich diesem Geschehen von Weihnachten öffnen.

Zugleich ist in dem Wort »eudokia« auch eine affektive Note. Gott, der seinen Sohn in die Welt sandte, liegt etwas an den Menschen. Er hat nicht nur einen Willensentschluss gefasst. Lukas – so meint François Bovon – denkt bei diesem Wort »weniger an einen Ratschluss als an die liebevolle Bewegung der ganzen Person, welche auf Gegenliebe wartet. Eudokia hat Beziehungscharakter« (Bovon, 129).

In der Geburt Jesu geschieht demnach eine Begegnung zwischen Himmel und Erde, zwischen Gott und Mensch. In der Geburt Jesu bekommt die Beziehung zwischen Himmel und Erde, zwischen Gott und Mensch eine andere, eine emotionale Tiefe. So emotional, wie Lukas uns die Geburt Jesu schildert, so emotional erscheint uns darin auch Gott, der seinen Engel zu den Hirten schickt und dem die Engel dieses wunderbare Lied singen. Es ist ein Lied, das Himmel und Erde, Gott und Mensch miteinander in Liebe und Wohlgefallen, in Licht und Frieden verbindet.

So will uns Lukas mit der Schilderung des Lobgesangs der Engel einladen, unser Herz für Gottes Liebe zu öffnen, damit sich in uns Himmel und Erde miteinander verbinden, damit in uns Gott und Mensch sich begegnen.

Durch diese Begegnung wird auch unser Leben verwandelt. Wir werden unserer Entfremdung entrissen und durch die Begegnung mit Gott mit innerem Frieden erfüllt. Wir können ja sagen zu uns selbst und zueinander.

Der Blick auf die Geburt Jesu will nicht zuletzt auch unsere Beziehung zu den Menschen verwandeln. Wenn der Frieden des Mensch gewordenen Gottes unser Herz erfüllt, dann müssen wir uns nicht dazu zwingen, mit den Menschen unserer Umgebung Frieden zu halten. Weihnachten sollte daher nicht in erster Linie ein moralischer Appell an unsere Bereitschaft zum Frieden sein, wie es die politischen Ansprachen zu Weihnachten jährlich verkünden. Vielmehr soll uns das Fest verwandeln, so dass wir den Frieden, den uns die Engel besingen, in unser Herz eindringen lassen und so auch friedlicher unseren Mitmenschen begegnen können.

Die Begegnung zwischen Himmel und Erde, die im Lobgesang der Engel aufscheint, will unsere menschlichen Begegnungen verwandeln. Wenn ich einem anderen wirklich begegne, dann öffnet sich für uns beide der Himmel.

Augustinus hat das wunderbar beschrieben. Als er mit seiner Mutter Monika in Ostia intensiv über Gott und das geistliche Leben spricht, da öffnet sich auf einmal der Himmel und Gott ist zwischen ihnen und in ihnen gegenwärtig.

Wenn wir einander im Gespräch berühren, dann kommen wir auch mit dem Himmel in uns in Berührung. Und unser Blick weitet sich und wir schauen den Himmel über uns. In der menschlichen Begegnung, die wirklich gelingt, begegnen sich immer auch Himmel und Erde. Da berühren wir nie nur den anderen Menschen, sondern immer auch den Himmel in ihm und in uns. Und über uns öffnet sich der Himmel und lässt uns etwas von der Herrlichkeit und Liebe Gottes erahnen, die uns im Tiefsten miteinander verbindet.

Die Hirten und das Kind

Die Begegnung mit den Engeln befähigt nun die Hirten, sich auf den Weg zu machen und das Kind zu suchen. »Als die Engel sie verlassen hatten und in den Himmel zurückgekehrt waren, sagten die Hirten zueinander: Kommt, wir gehen nach Betlehem, um das Ereignis zu sehen, das uns der Herr verkünden ließ. So eilten sie hin und fanden Maria und Josef und das Kind, das in der Krippe lag. Als sie es sahen, erzählten sie, was ihnen über dieses Kind gesagt worden war.« (Lk 2,15–17)

Die erste Bewegung, die in den Hirten durch die Begegnung mit den Engeln ausgelöst wird, ist eine Bewegung zueinander. Die Hirten, die wohl jeder für sich da liegen, um die Herden zu bewachen, gehen nun aufeinander zu. Sie durchbrechen das Schweigen der Nacht und beginnen, zueinander zu sprechen. Sie werden durch die Begegnung zwischen Himmel und Erde nicht der Erde entrissen, sondern gehen auf der Erde neue Wege. Sie kommen zusammen und sprechen sich gegenseitig Mut zu, auf die Verheißung hin nach Betlehem zu gehen.

Das ist für mich ein schönes Bild auch für unseren Alltag. Die Begegnung mit dem Engel, in dem mich Gott selbst anspricht, möchte mich in Bewegung bringen zu den Menschen, mit denen ich zusammenlebe und -arbeite. Der Engel will mir eine neue Vision von der Arbeit vermitteln. Er lädt mich ein, auf neue Weise auf die Kollegen und Mitarbeiterinnen zuzugehen und sie anzusprechen. Die Erfahrung des Engels während der Nacht, im Traum, in den leisen Impulsen des Herzens, will meinen Alltag verwandeln. Die Worte des Engels wollen in die Realität meiner täglichen Arbeit hineinübersetzt werden. Dann wird etwas vom Glanz des Engels auch meinen Alltag erhellen.

Das Gespräch miteinander bringt die Hirten in Bewegung. Sie gehen »schleunigst, eilends« nach Betlehem, um das Wort, das ihnen verkündet worden ist, in der Realität nachzuprüfen. Das griechische Wort »rhema« kann »Wort« und »Ereignis« bedeuten. Ein Wort wird Wirklichkeit. Das Wort, das der Engel den Hirten verkündet hat, geschieht in der Geburt Jesu. Es wird in dem Kind sichtbar.

In dem Wort, das Wirklichkeit wird, hat auch der Evangelist Johannes das Geheimnis von Weihnachten verstanden. »Und das Wort ist Fleisch geworden.« (Joh 1,14) Es ist sichtbar geworden. Es ist in einem Menschen erschienen. Das Wort, das Ereignis wird, das geschieht, möchte uns auf das Geheimnis der Worte verweisen, die wir sprechen.

Wir sprechen in der Familie ständig Worte zueinander und wir gebrauchen auch in unserem beruflichen Leben viele Worte. Oft sind es leere, unbedachte Worte. Aber sie wirken immer. Oft bewirken sie Unklarheit oder sie verletzen den anderen. Worte werden immer Ereignis. Ereignis kommt von »Eräugnis«. Es meint also, dass sich etwas unseren Augen zeigt. Worte werden sichtbar in ihrer Wirkung. Sie lassen den anderen aufstrahlen oder erstarren. Verletzende Worte bewirken Erröten oder Erblassen. Worte bewirken etwas, was für alle sichtbar wird. Sie kränken oder heilen, sie lassen den Menschen jauchzen und jubeln oder aber sie ziehen ihn nach unten und hinterlassen Traurigkeit und Bedrückung.

Für das Gelingen der Begegnung ist es entscheidend, wie wir sprechen und welche Worte wir gebrauchen. Daher möchte uns Weihnachten einladen, die Worte, die wir sprechen, bewusster und behutsamer auszusprechen, damit durch unsere Worte etwas geschieht, was die Menschen aufrichtet, erhellt, ermutigt und sie mit Freude und Liebe erfüllt, was das menschliche Antlitz erstrahlen lässt.

Die Hirten sind voller Neugier und Eifer. So machen sie sich eilends auf den Weg, um das Kind in der Krippe zu sehen. Lukas verwendet zur Bezeichnung des Kindes zwei verschiedene Ausdrücke. Zum einen spricht er vom »brephos«, vom »Säugling«, der in der Krippe liegt. Diesen Säugling sehen die Hirten. Aber sie bleiben nicht beim Schauen stehen. Sie müssen über dieses Kind auch sprechen. Hier verwendet Lukas das Wort »paidion«, das »Kind« oder »Knabe« bedeuten kann. Die Hirten sehen im Säugling, der in Windeln gewickelt ist, schon den Knaben, der heranwächst und zum Retter, Messias und Herrn wird. Die Worte, die ihnen der Engel über dieses Kind gesagt hat, haben ihre Augen geöffnet, um im Säugling schon den zu erkennen, der diese Welt verwandeln und heilen wird.

Die Hirten fühlen sich gedrängt, das weiterzusagen, was sie gehört haben. Indem sie die Worte, die ihnen der Engel verkündet hat, an Maria und Josef weitergeben, versuchen sie, den Säugling, den sie sehen, auch zu verstehen. Im Aussprechen der Worte möchten sie das Geheimnis dieses Kindes erfassen. Sie schauen auf das Kind und sprechen über es. So wächst ihre Beziehung zu dem Kind. So verstehen sie immer mehr das Geheimnis dieses kleinen Kindes, das sie da in der Krippe gesehen haben.

Wir verstehen das Kind in der Krippe nur, wenn wir es mit all den Worten verbinden, die wir von diesem Kind gehört haben: mit den Worten der Heiligen Schrift, die uns das Geheimnis dieses Kindes deuten, aber auch mit den inneren Worten, die ein Engel uns zuflüstert. Dies kann manchmal ein Traum sein, manchmal wiederum sind es innere Impulse und Einsichten, die uns das Wesen Jesu für einen Augenblick erhellen. Und wir verstehen das Kind in der Krippe nur, wenn wir all die Worte bedenken, die Theologen, Mystiker, einfache Menschen, die Lieder der Volksfrömmigkeit und die Dichter über dieses Kind gesagt haben.

Die Künstler lieben die Hirten. Auf keinem Weihnachtsbild fehlen sie. Die Künstler haben nicht nur eindrucksvoll die Verkündigung des Engels an die Hirten dargestellt, sondern auch die Anbetung der Hirten. Die Hirten kommen von ihren Herden, mit ihren Arbeitsgewändern und mit ihren groben Händen. Manchmal spürt man ihnen das »Eilen« noch an. Sie halten dann gleichsam im Eilen inne, um das Kind anzuschauen.

Auf den Bildern sprechen die Hirten nicht, sondern sie schauen nur und beten das Kind an.

Die Anbetung der Hirten wird oft als Gegenstück zur Anbetung der Könige gemalt. Offensichtlich kann sich das Volk eher mit den Hirten identifizieren. Daher stellen die Künstler die Hirten oft sehr konkret dar. Sie malen Menschen ihrer Umgebung, in denen sich die Beschauer wiederfinden können. Manchmal sind es drei Hirten – wie im Weihnachtsbild von Martin Schongauer. Sie repräsentieren die drei verschiedenen Alter: die Jugend, das mittlere Alter und den Greis. Ihre Augen leuchten, ihre Gesichter werden durch das Schauen auf das Kind verwandelt.

Manchmal werden auch die harten Hände der Hirten weich, wenn diese sie zum Gebet falten. Ihre groben Hände drücken dann Zärtlichkeit und Liebe aus.

Die Anbetung des Kindes verwandelt die Menschen. Das ist auch die Botschaft der Hirten an uns. Wir dürfen mit allem, was wir sind, an die Krippe eilen. Wir müssen nicht perfekt sein. Die Hirten kennen die Höhen und Tiefen des Menschseins. Sie sind auch mit den Tieren vertraut, mit dem Bereich der Triebe in sich selbst. Sie machen sich auf den Weg, um das Kind zu sehen. Und sie werden durch das Kind berührt. Sie verlieren ihre Härte. Sie kommen in Berührung mit der Liebe, die in ihrem Herzen oft unter einer harten Schale verborgen liegt. Und so strahlen ihre Gesichter auf den Weihnachtsbildern oft eine zärtliche Liebe aus.

Die Hirten wollen uns einladen, dass wir gemeinsam mit ihnen zur Krippe kommen, dass auch wir unsere Knie beugen und auf das Kind schauen – dann kann es auch uns mit seiner Liebe erfüllen. Wir brauchen keine wertvollen Gaben mitzubringen, nur uns selbst, so wie wir sind, mit unseren Stärken und Schwächen, mit unserer Härte und unserer Liebe, mit unserer Sehnsucht und mit unseren Zweifeln, mit unseren Erfolgen und mit unseren leeren Händen. Die Anbetung des Kindes wird auch uns verwandeln.

Und wenn in unseren Augen noch die Dunkelheit der Nacht ist, wenn uns depressive Gefühle erfüllen, so dürfen wir doch vertrauen, dass auch unsere Augen zu leuchten beginnen, wenn wir lange genug auf dieses Kind schauen.

Zu Betlehem geboren
ist uns ein Kindelein.
Das hab ich auserkoren,
sein eigen will ich sein.
Eja, eja, sein eigen will ich sein.

In seine Lieb versenken
will ich mich ganz hinab;
mein Herz will ich ihm schenken
und alles, was ich hab.
Eja, eja, und alles, was ich hab.

O Kindelein, von Herzen
dich will ich lieben sehr
in Freuden und in Schmerzen;
je länger mehr und mehr.
Eja, eja, je länger mehr und mehr.

Dich wahren Gott ich finde
in meinem Fleisch und Blut;
darum ich fest mich binde
an dich, mein höchstes Gut.
Eja, eja, an dich, mein höchstes Gut.

Dazu dein Gnad mir gebe,
bitt ich aus Herzensgrund,
dass dir allein ich lebe
jetzt und zu aller Stund.
Eja, eja, jetzt und zu aller Stund.

Text: Friedrich von Spee 1637

Liedmeditation

Zu Betlehem geboren

Der Jesuit Friedrich von Spee hat in der dunklen Zeit des Dreißigjährigen Krieges ein Weihnachtslied gedichtet, das zunächst in katholischen Familien gerne gesungen wurde, dann aber auch schon bald in die Gesangbücher der evangelischen Kirche eingedrungen ist.

Die Melodie zu diesem Text entstammt einem alten französischen Liebeslied. Die intime Melodie entspricht der Intimität der Worte, mit denen der Dichter seine persönliche Liebe zum Kind in der Krippe besingt. Er lädt uns ein, uns vor diesem Kind auch unserer Liebe nicht zu schämen, sondern sie im Lied zur Sprache zu bringen.

Es ist ein sehr persönliches Lied, das uns Friedrich von Spee hier zumutet. Es kann sein, dass wir beim Singen nicht jedes Wort mit der gleichen Innigkeit singen, die der Dichter empfunden hat, als er diese Verse angesichts des göttlichen Kindes in der Krippe formulierte. Doch indem wir singen »in seine Lieb versenken will ich mich ganz hinab«, kann durch die Meditation der Liebe Gottes, die in dem Kind aufstrahlt, auch in uns Liebe aufkommen, so dass wir – vielleicht nur vorsichtig – singen können: »O Kindelein von Herzen, dich will ich lieben sehr, in Freuden und in Schmerzen, je länger mehr und mehr.«

Indem wir diese intimen Worte singen, wächst in uns die Sehnsucht nach solch zärtlicher Liebe. Und in der Sehnsucht nach Liebe spüren wir schon die Liebe, die in unserer Sehnsucht ist.

In der vierten Strophe des Liedes wagt Spee den mutigen Satz: »Dich wahren Gott ich finde in meinem Fleisch und Blut.« Genau das ist eines der großen Geheimnisse von Weihnachten: Wir sollen in unserem eigenen Leib, in unserem ganz realen Fleisch und Blut Gott entdecken und auch im Antlitz unserer Brüder und Schwestern das Antlitz Gottes erkennen.

Unser Leib ist zum Ort Gottes geworden. In unserem Fleisch will seine Herrlichkeit aufstrahlen. So versteckt sich hinter diesem Liebeslied eine mutige Theologie: eine Theologie, die darum weiß und ernst nimmt, dass Gott Fleisch geworden ist.

Die Hirten und die Eltern

Im Lukasevangelium reagiert nicht das Kind auf die Worte der Hirten, sondern die Eltern. Lukas beschreibt diese Reaktion: »Und alle, die es hörten, staunten über die Worte der Hirten. Maria aber bewahrte alles, was geschehen war, in ihrem Herzen und dachte darüber nach.« (Lk 2,18f)

Die Hirten bringen die Eltern des Kindes zum Staunen. Bisher hatte Lukas nichts über die Reaktion der Eltern auf die Geburt ihres Kindes erzählt. Erst jetzt, da die Hirten berichten, was der Engel über das Kind gesagt hat, erfahren wir etwas über die Gefühle von Maria und Josef. Es sind Gefühle des Staunens über das Wunder, das ihnen geschehen ist.

Staunen ist der Grundakt aller Philosophie. Staunen bedeutet: die Welt als Wunder sehen, das Vordergründige durchschauen und Gottes wunderbares Wirken in der Geschichte und in der Natur erkennen.

Maria und Josef staunen über die Worte der Hirten. Und sie staunen wohl aufgrund dieser Worte auch über dieses Kind. Die Bibel kennt ein erschreckendes Staunen über Gottes Handeln in der menschlichen Geschichte, aber auch ein dankbares Staunen. Beide Aspekte wird das Staunen der Eltern wohl beinhalten.

Die Hirten haben durch ihre Worte eine Beziehung zu den Eltern geschaffen. Ihr Sprechen öffnet nun die Augen der Eltern und diese erkennen das Geheimnis ihres Kindes, das Wunder, das Gott in diesem Kind gewirkt hat.

Marias Reaktion auf die Worte der Hirten wird ausführlicher beschrieben. »Maria aber bewahrte alles, was geschehen war, in ihrem Herzen und dachte darüber nach.« (Lk 2,19)

Die beiden griechischen Worte, die Lukas verwendet, sind hier: »synterein« und »symballein«. »Synterein« meint eigentlich: »zusammen schauen«. Hier ist der Schausinn angesprochen. Maria nimmt die Worte, die ihr gesagt werden, schauend in sich auf. Sie versucht, die Worte und das Geschehen zusammen zu sehen. Sie schaut auf ihr Kind und auf die inneren Worte, die sich beim Hören der Worte der Hirten in ihr gebildet haben, sie fügt beides zusammen, um das Geheimnis ihres Kindes zu verstehen. Sie ist bereit, die eigene Sicht des Kindes loszulassen und mit neuen Augen auf ihr Kind zu schauen.

Wir meinen oft, die Mutter könne ihr Kind besser verstehen als jeder andere Mensch. Doch manchmal verdunkelt der alltägliche Umgang mit dem Kind den Blick auf sein Geheimnis. Und die Erwartungen und Hoffnungen, die wir auf das Kind setzen, lassen uns das Einzigartige des Kindes übersehen. Wir brauchen wie Maria beides: unsere eigenen Augen, die auf das Kind schauen, und die Augen der anderen, die unseren Blick weiten.

»Symballein« bedeutet ursprünglich: »zusammenwerfen«. Es kann auch heißen: »zusammentreffen«, »einander begegnen«. Und es kann bedeuten: »im Geiste zusammenstellen«, »bei sich bedenken«. »Symballein« meint einen meditativen Vorgang.

Maria bringt die verschiedenen Worte, die sie gehört hat, in ihrem Geist zusammen. Sie »bewegte sie in ihrem Herzen« – wie Martin Luther übersetzt hat. Sie lässt die Worte in ihrem Herzen einander begegnen, damit sie durch die verschiedenen Worte den eigentlichen Sinn erkennt. Nicht nur Menschen begegnen einander, sondern auch Worte. Wenn Worte sich in unserem Herzen begegnen, dann entsteht etwas Neues in uns, dann bildet sich in uns ein neues Wort, das das Geheimnis hinter allen Worten erahnen lässt.

Es gibt ja Worte, die wir oft nicht zusammenbringen. Sie scheinen sich zu widersprechen. Das Bedenken und Zusammenwerfen dieser Worte soll es uns ermöglichen, hinter den verschiedenen Worten einen tieferen Sinn zu erkennen. Maria lässt sich von den Hirten einladen, die Worte in ihr Herz aufzunehmen und darüber zu meditieren. Sie geht nach innen. Die Begegnung mit den Hirten führt sie in das eigene Herz zurück.

Dies geschieht auch in jeder guten Begegnung, die wir erleben. Wir hören die Worte des anderen. Wir sprechen mit ihm. Und später denken wir allein darüber nach. Wir verkosten die Worte und spüren dem Geschmack nach, den sie in unserem Herzen hinterlassen. Und wir überlegen nochmals, was der andere gesagt hat und wie wir es verstehen sollen. Durch solches Zusammenschauen und Zusammenwerfen entdecken wir immer mehr den Sinn der Worte, die wir gehört haben.

Die Begegnung wirkt in uns nach. Wir bewahren das Geheimnis der Begegnung in unserem

Herzen und gelangen dadurch immer tiefer auf den Grund unserer Seele, in die eigene Tiefe, in der wir nicht nur uns selbst und dem anderen, sondern letztlich Gott begegnen.

Lukas schildert in dieser Szene Maria als Urbild des Glaubens. Lukas definiert kein abstraktes »Wesen des Glaubens«, sondern er erzählt uns, wie Glauben geht. Glauben bedeutet für ihn, dass wir die Worte der Bibel und die Worte der kirchlichen Tradition mit den Worten zusammenwerfen, die wir von uns selbst und von unseren Erfahrungen in dieser Welt her kennen. Unser Verstand kann diese Worte oft nicht zusammenbringen.

Manche verwerfen dann die Worte der Bibel oder der kirchlichen Dogmatik, weil sie sie nicht mit ihren Worten zusammenbringen. Doch die Worte der Bibel und auch die Worte der Dogmen wollen letztlich das Geheimnis offenhalten. Sie wollen uns davor bewahren, in der Banalität unserer Worte zu versinken. Wir brauchen Worte, die so anders klingen als die Worte, die wir täglich in der Zeitung lesen. Wir sehnen uns nach Worten eines Engels und nach Worten der Hirten, damit wir unser Leben und die Wirklichkeit dieser Welt richtig sehen, damit in allem, was wir sehen, das Geheimnis Gottes und seiner menschenfreundlichen Liebe aufleuchtet. Solche Worte werden uns in der Weihnachtsliturgie immer wieder verkündet. Sie laden uns ein, unsere Augen zu öffnen und in der Durchschnittlichkeit unseres Alltags das Geheimnis des göttlichen Kindes zu entdecken, das unser Leben erhellt und mit einer Liebe erfüllt, die nie versiegt, weil sie göttlich ist.

Die Hirten in ihrer Beziehung zu Gott

Auch die Hirten werden durch die Begegnung mit dem Kind und den Eltern verwandelt. Von ihnen sagt Lukas: »Die Hirten kehrten zurück, rühmten Gott und priesen ihn für das, was sie gehört und gesehen hatten; denn alles war so gewesen, wie es ihnen gesagt worden war.« (Lk 2,20)

Das griechische Wort »hypostrephein«, das »zurückkehren« meint, kann auch »umkehren«, »sich umwenden« oder »sich bekehren« bedeuten. Die Hirten sind durch die Begegnung mit dem Kind und den Eltern innerlich umgewandelt. Sie kehren nicht als die, die sie immer waren, in ihre alltägliche Situation zurück, sondern als Menschen, die sich bekehrt haben und die verwandelt worden sind.

Sie gehen wieder ihrem alltäglichen Beruf nach. Nach außen hin ändert sich bei ihnen nichts. Und doch hat sich in ihnen eine Wandlung vollzogen. Ihre Worte sind anders geworden. Die Sprache der Hirten gilt oft als derb. Doch nun beginnen die Hirten anders zu sprechen. Sie rühmen und loben Gott für all das, was sie gehört und gesehen haben. Sie geben ihre Erfahrungen wieder an Gott zurück, indem sie Gott für das Gesehene loben. Sie verherrlichen Gott und preisen ihn.

Sie waren als Hirten sicher auch vorher religiöse Menschen und sie haben Gott immer wieder darum gebeten, dass er sie und ihre Herden schützen möge. Doch jetzt bitten sie Gott nicht, sondern sie loben und rühmen ihn. Sie schauen auf zu Gott. Das Loben ist etwas Absichtsloses. Ich bezwecke nichts damit. Ich lobe Gott, weil mir Gott neu aufgegangen ist.

Das, was die Hirten gehört und gesehen haben, war für sie so überwältigend, dass nur das Lob Gottes für sie die angemessene Reaktion sein kann. Sie bleiben nicht bei sich selbst stehen. Sie stellen sich auch nicht über andere, sondern sie stellen sich vor Gott hin, um auf ihn zu schauen und ihn zu preisen.

Der heilige Benedikt hat das als die angemessene Reaktion des Christen auf alles, was Gott ihm in Jesus Christus getan hat, gesehen: Gott immer wieder zu loben. Im Loben geht es um Gott und nicht um unsere Gefühle. Aber indem wir Gott in unserem Lob in den Mittelpunkt stellen, kommen wir in die eigene Mitte. Dies kann unser Leben verwandeln. Wir kreisen nicht mehr um uns und unseren guten Ruf, um Lob und Anerkennung. Wir schauen von uns weg auf Gott. Das befreit uns. Das gibt unserem Leben eine neue Weite und Freiheit und den Geschmack der Freude.

Vom Theologen und geistlichen Schriftsteller Henry Nouwen stammt das berühmte Wort: »Klöster baut man nicht, um Probleme zu lösen, sondern um Gott mitten aus den Problemen heraus zu loben.« Bei den Hirten hat die Begegnung mit dem Kind in der Krippe nicht alle ihre zwischenmenschlichen und wirtschaftlichen Probleme gelöst. Aber sie können Gott trotzdem mitten aus ihrer konkreten Alltagssituation heraus loben, weil Gott ihnen auf einmal wichtiger als die Lösung der eigenen Probleme ist. Auf diese Weise haben sich ihre Schwierigkeiten relativiert. Sie haben im Loben einen anderen Blick für ihr Leben bekommen.

So will die Begegnung mit Maria und Josef und dem Kind auch unsere Beziehung zu Gott verändern. Statt Gott nur zu bitten, dass er uns helfe, sollen wir ihn loben für alles, was wir gesehen und gehört haben. Gerade in der Weihnachtszeit hören wir immer wieder in den Lesungen, was Gott an uns getan hat. Er liebt diese Welt so sehr, dass er uns seinen Sohn in die Hand gibt.

Die Weihnachtslieder laden uns beständig ein, Gott zu loben: »Lobt Gott, ihr Christen alle gleich, in seinem höchsten Thron, der heut schließt auf sein Himmelreich und schenkt uns seinen Sohn.« (Nikolaus Hermann) Eines der ältesten deutschen Weihnachtslieder aus dem 14. Jahrhundert lädt uns ein: »Singen wir mit Fröhlichkeit, loben Gott in Ewigkeit, seinen Sohn gibt er uns heut.« Die Liturgie kleidet das Lob Gottes an Weihnachten in die alten Worte der Psalmen, so etwa in die Worte des Psalms 98, den die Weihnachtsliturgie so sehr liebt: »Singet dem Herrn ein neues Lied, denn er vollbrachte wunderbare Taten! Heil geschaffen hat ihm seine Rechte, die Kraft seines heiligen Armes. Der Herr hat kundgemacht sein Heil, sein gerechtes Walten enthüllt vor den Augen der Völker. Er gedachte seiner Huld und seiner Treue zum Hause Israel. Alle Enden der Erde schauen das Heil unseres Gottes.« (Ps 98,1–3)

Manche meinen, sie könnten ihre Stimmung nicht einfach verändern: Wenn es ihnen nicht gut gehe, dann könnten sie Gott auch nicht loben. An Weihnachten laden uns die Hirten ein, einmal unsere alltäglichen Probleme loszulassen und unseren Blick frei zu machen für das, was Gott an uns in der Menschwerdung seines Sohnes getan hat. Wenn wir immer nur um unsere Probleme kreisen, gleichen wir kleinen Kindern, die schmollen, weil sie nicht bekommen, was sie sich wünschen. Das Loben ist Zeichen von Erwachsensein. Wir haben die Fähigkeit, uns von den Sorgen des Alltags zu distanzieren und im Lob Gott in den Mittelpunkt zu stellen. Das tut uns gut. Das ist heilsam für unsere Seele.

O du fröhliche, o du selige,
gnadenbringende Weihnachtszeit!
Welt ging verloren,
Christ ist geboren:
Freue, freue dich, o Christenheit!

O du fröhliche, o du selige,
gnadenbringende Weihnachtszeit!
Christ ist erschienen,
uns zu versühnen:
Freue, freue dich, o Christenheit!

O du fröhliche, o du selige,
gnadenbringende Weihnachtszeit!
Himmlische Heere
jauchzen dir Ehre:
Freue, freue dich, du Christenheit.

Text: Johannes Daniel Falk 1816

Liedmeditation

O du fröhliche, o du selige

Ursprünglich war die Melodie von »O du fröhliche« ein Lied, das die Schiffer Siziliens für Maria sangen. Es war der Philosoph Johann Gottfried Herder, der die sanfte Melodie im Jahre 1789 von einer seiner Reisen aus Italien mit nach Deutschland brachte.

Der evangelische Pfarrer Johannes Daniel Falk, ein Freund Herders, betrieb damals in Weimar ein Haus für verwahrloste und gefährdete Kinder. Für sie schrieb Falk die erste Strophe. Seine Schützlinge konnten das Lied bereits beim dritten Mal mitsingen, so eingängig waren Text und Melodie. Die zweite und dritte Strophe dichtete ein Mitarbeiter Falks drei Jahre nach seinem Tod. Nicht nur die Kinder in Falks Heim sangen dieses einfache Weihnachtslied gern. Es breitete sich schnell aus und wurde zu einem der beliebtesten Weihnachtslieder.

Trotz der Einfachheit der Melodie und der Worte vermag dieses Lied die Theologie von Weihnachten in drei wichtigen Aussagen zu verdichten.

Die erste Botschaft ist: »Welt ging verloren, Christ ist geboren.« – Die Menschen hatten sich selbst verloren. Sie hatten sich verstrickt in ihrer Gier nach Leben. Doch sie hatten das Leben verlernt, weil sie Nebensächlichkeiten an die Stelle des wirklichen Lebens gesetzt hatten. Da ist Christus geboren, um das verbrauchte Leben zu erneuern, um neues Leben zu bringen. In diesem Kind wird sichtbar, was im Menschen steckt und wie er wirklich zum Leben findet. Gott selbst hat in ihm gezeigt, wie menschliches Leben gelingen kann, wenn es ganz und gar von göttlicher Liebe durchdrungen ist.

Die zweite Aussage ist: »Christ ist erschienen, uns zu versühnen.« – Wir Menschen sind unfähig, uns selbst anzunehmen, uns mit unserer eigenen Lebensgeschichte auszusöhnen und Versöhnung mit unseren Mitmenschen zu leben. Da ist Christus erschienen, um uns durch seinen liebevollen Umgang – gerade mit denen, die sich als unannehmbar erfuhren – diese Botschaft zu vermitteln: »Versöhne dich mit dir. Denn ich habe alles, was in dir ist, durch meine Menschwerdung angenommen. Es gibt nichts in dir, was von meiner Liebe ausgeschlossen wäre. So lass deine Liebe nun auch in alle Bereiche deines Leibes und deiner Seele strömen. So versöhnt mit dir kannst du auch versöhnt mit den Menschen leben.«

Die dritte Strophe spricht von den himmlischen Heeren, die Christus Ehre zujauchzen. Weihnachten öffnet uns den Himmel. Wenn wir hier »auf Erden« singen, haben wir am Lobgesang der Engel teil, die Christus in seiner wahren Gestalt schauen. Wir singen hier als Glaubende, aber im Singen haben wir Anteil am Schauen der Engel. Wenn wir mit ihnen das Geheimnis Jesu Christi schauen, dann werden in diesem Augenblick Himmel und Erde eins miteinander. Unser Lob vermischt sich mit dem Lob der Engel. Und im Singen ahnen wir etwas von dem Himmel, in dem wir für immer daheim sein werden.

Das Kind und der Greis

Lukas schildert uns das Geheimnis des göttlichen Kindes auch nach der Geburt im Stall zu Betlehem in immer neuen Begegnungen. Eine der schönsten Begegnungsgeschichten ist die zwischen dem Kind und dem Greis Simeon.

Dieses bei den Griechen und Juden gleichermaßen bekannte Motiv – das Kind und der Greis – hat Lukas wohl besonders gern aufgegriffen. Er weiß, dass solche Begegnungen die Herzen der Menschen berühren. So will er durch diese Begegnung aufzeigen, wer das Kind ist und wie das Kind uns zu verwandeln vermag, selbst wenn wir so alt sind wie dieser greise Simeon.

Vierzig Tage nach der Geburt bringen Maria und Josef das Kind in den Jerusalemer Tempel, um es dem Herrn zu weihen. Das Ritual der Reinigung der Mutter und der Weihe des Kindes übergeht Lukas. Wichtiger ist ihm die Begegnung, die bei dieser Gelegenheit im Tempel stattfindet: »In Jerusalem lebte damals ein Mann namens Simeon. Er war gerecht und fromm und wartete auf die Rettung Israels, und der Heilige Geist ruhte auf ihm. Vom Heiligen Geist war ihm offenbart worden, er werde den Tod nicht schauen, ehe er den Messias des Herrn gesehen habe. Jetzt wurde er vom Geist in den Tempel geführt; und als die Eltern Jesus hereinbrachten, um zu erfüllen, was nach dem Gesetz üblich war, nahm Simeon das Kind in seine Arme und pries Gott mit den Worten:

›Nun lässt du, Herr, deinen Knecht, wie du gesagt hast, in Frieden scheiden. Denn meine Augen haben das Heil gesehen, das du vor allen Völkern bereitet hast, ein Licht, das die Heiden erleuchtet, und Herrlichkeit für dein Volk Israel.‹« (Lk 2,25–32)

Lukas beschreibt mit vier Bildern das Wesen des alten Mannes. Er ist gerecht und fromm. Er wartet auf die Rettung Israels und der Heilige Geist ruht auf ihm. Dass Simeon gerecht ist, meint einmal, dass er das Ideal des gerechten

Menschen verwirklicht, so wie es der griechische Philosoph Platon 400 Jahre vor Christus schon entfaltet hat. Gerecht ist nach Platon der Mensch, der seinem Wesen gerecht lebt und der auch den Menschen um sich herum gerecht wird. Gerechtigkeit ist auch für Israel eine entscheidende Haltung. Es geht darum, so zu leben, wie es Gott entspricht.

Fromm meint eine innere Beziehung zu Gott, eine emotionale Bindung an Gott. Simeon ist beides: Er lebt richtig und aufrecht und er hat sein Herz für Gott geöffnet.

Und Lukas spricht davon, dass Simeon ein Wartender ist: Er wartet auf die Rettung Israels – oder wie es wörtlich heißt: auf die Tröstung Israels. Mit diesem Begriff beschrieb man in Israel das Heil, das der Messias dem Volk bringen soll. Heilung unserer Wunden ist zuerst Tröstung unserer Trauer. Trost besteht in der Erfahrung, dass Gott in unserer Trauer bei uns ist und dass er uns nicht allein lässt. In Jesus ist Gott zu uns gekommen, um bei uns zu sein – um uns nicht mit Worten zu vertrösten, sondern um es bei uns und unserer Trauer auszuhalten.

Nicht zuletzt ruht der Heilige Geist auf Simeon. Simeon ist geisterfüllt. Das ist ein Ausdruck, der die Nähe des Lukas zur Spiritualität der Essener zeigt. Die Essener sprachen davon, dass die

Gläubigen im Besitz des Geistes seien. Viele der ersten Christen stammten aus dem Kreis der Essener. In Simeon beschreibt Lukas das Bild eines echten Christen.

Dieser alte Mann, vom Heiligen Geist erfüllt, nimmt nun das Kind in seine Arme und spricht über das Kind mit Worten, die sich an Gott richten. Simeon preist Gott. Aber im Loben spricht er über das Kind und entfaltet das Geheimnis dieses Kindes. Er dankt Gott, dass er ihn nun in Frieden scheiden lasse. Seine Sehnsucht sei erfüllt, weil er dieses Kind nun in seinen Armen hält. In diesem Kind sieht er das Heil, das Gott vor allen Völkern bereitet hat. Jesus ist nicht nur ein heiliges Kind, sondern ein Kind, mit dem Gott Großes vorhat. Dieses Kind ist Licht, Licht, das die Heiden erleuchtet und ihre Dunkelheit erhellt, und Herrlichkeit für das Volk Israel.

Auch über die Worte des greisen Simeon staunen Maria und Josef. Simeon segnet die Eltern und das Kind. Dies ist ein schönes Bild für jede Begegnung zwischen Kindern und alten Menschen, ob es nun die Großeltern sind oder andere ältere Menschen. Das Kind bringt das Antlitz eines alten Menschen zum Leuchten. Die Antwort des Alten ist, das Kind zu segnen, gute Worte über es und seine Eltern zu sprechen, so dass deutlich wird, dass es selbst ein Segen für andere ist.

Kinder brauchen die Zusage alter Menschen, um an sich selbst glauben zu können, um bei all den negativen Worten, die sie oft genug verletzen, gute Worte in sich eindringen zu lassen, die das Gute in ihnen wecken. Und Kinder brauchen den Segen alter Menschen, um voll Vertrauen in die Welt zu gehen. Als Gesegnete wissen sie sich unter dem Schutz Gottes und können so anders ihr Leben wagen.

Kinder sind immer die Verheißung von etwas Neuem. Doch was in jedem Kind aufleuchtet, das leuchtet in ganz besonderer Weise in dem Kind Jesus auf. In ihm strahlt Gottes Herrlichkeit auf. Der alte Mann ist beglückt, das kleine Kind in seine Arme zu nehmen. Im Griechischen steht hier: »er empfing das Kind in seine Arme«. Dies ist eine mütterliche Geste. Das Kind ist in den alten Händen Simeons geborgen. Und der Greis kann nun, da er in dem Kind Gottes Heil in seinen Händen hält, alles loslassen. Er kann sich im Tod Gottes guten Händen überlassen.

Die Begegnung zwischen dem Greis und dem Kind, so wie Lukas sie uns schildert, ist ein Bild der Hoffnung, dass auch in unserer Zeit die Generationskonflikte auf gute Weise gelöst werden. Wenn das Kind den alten Menschen beglückt und der alte Mann voller Weisheit das Wesen des Kindes erkennt, es benennt und schließlich das Kind segnet, dann werden Alte und Junge füreinander zum Segen und zum Heil.

Doch bevor der Greis geht, sagt er noch etwas Wichtiges zu Maria. Er deutet ihr das Schicksal an, das sie zu erwarten hat: »Dieser ist dazu bestimmt, dass in Israel viele durch ihn zu Fall kommen und viele aufgerichtet werden, und er wird ein Zeichen sein, dem widersprochen wird. Dadurch sollen die Gedanken vieler Menschen offenbar werden. Dir selbst aber wird ein Schwert durch die Seele dringen.« (Lk 2,34f)

Lukas schildert hier keine Idylle. Der Greis hält Maria vor Augen, welche Bedeutung ihr Sohn für das Volk haben wird. An ihm wird sich entscheiden, ob jemand aufsteht oder zu Fall kommt, ob er Auferstehung oder Fallen erfährt. Jesus wird ein Zeichen sein, dem widersprochen wird.

Den Hirten wurde das Zeichen des Kindes in der Krippe geschenkt, seine Zuhörer verweist Jesus später auf das Zeichen des Jona. Er provoziert damit jene Menschen, die ein mächtiges und herrliches Zeichen Gottes erwarten. Jesus wird mit seinen Worten und Taten die Gedanken der Menschen offenbaren. In der Begegnung mit ihm werden sie mit ihrer eigenen Wahrheit konfrontiert. Das wird nicht für jeden angenehm sein.

Maria wird ein Schwert durch die Seele dringen. Diese Aussage bezieht sich einmal auf das

Loslassen des Sohnes, den sie oft nicht verstehen wird und der seine eigenen Wege gehen wird. Und es bezieht sich letztlich auf das Kreuz. Dort wird sie den Schmerz des Sohnes im eigenen Herzen nachempfinden. Dieser Schmerz wird wie ein Schwert für sie sein, das sie entzweizureißen scheint.

Der greise Simeon konfrontiert Maria mit dem, was sie zu erwarten hat. Er braucht ihr nichts vorzumachen. Er darf ihr die Wahrheit sagen. Denn er spürt, dass sie zugleich in diesem Sohn das Licht erkennen wird, das Gott der Welt gesandt hat, um alle Dunkelheit zu erhellen.

Weihnachten ist auch für uns nicht nur ein idyllisches Fest. Es kann auch uns mit unserer eigenen Wahrheit konfrontieren. Wenn wir wie Simeon das Kind in unsere Arme nehmen, wird es mit seinem Licht auch unsere eigene Dunkelheit durchdringen und uns aufzeigen, was in unserem Herzen an verborgenen Tendenzen da ist, die uns vom Leben abhalten und unser wahres Wesen verdunkeln.

Die Begegnung mit dem Kind in der Krippe ist nicht nur schön, sondern auch herausfordernd. Sie zwingt uns in die eigene Wahrheit. Das Kind hält uns gleichsam einen Spiegel vor Augen. In ihm entdecken wir unsere eigenen Größenphantasien, mit denen wir der eigenen

Durchschnittlichkeit ausweichen möchten. Das Kind zwingt uns, das verletzte Kind in uns zu entdecken und uns mit ihm auszusöhnen. Und es zeigt uns, dass wir nicht die sind, die wir nach außen hin vorgeben zu sein.

Wenn wir wie Maria Jesus glaubend annehmen und ihn in uns eindringen lassen, dann wird auch in unser Herz ein Schwert eindringen. Es wird in uns das, was dem Leben dient, von dem scheiden, was Leben verhindert. Es wird zwischen dem Gottgemäßen und dem, was Gott widerspricht, trennen.

In uns kann Christus nur geboren werden, wenn er den alten Menschen, der sich von Gott entfernt, von dem neuen Menschen scheidet, zu dem wir durch Christus werden. Verwandlung kann auch schmerzlich sein. Und Verwandlung kann bedeuten, dass manches abgeschnitten werden muss, damit das Neue in uns wachsen kann. Der neue Trieb am Weinstock wächst aus dem alten. Aber damit die Rebe Frucht bringen kann, muss Gott als der Winzer manches an ihr abschneiden und reinigen. (Vgl. Joh 15,2)

Das Kind und die alte Frau

Lukas liebt die Gegensätze. Wenn er von der Begegnung mit einem Mann spricht, dann erzählt er uns immer auch von einer Frau, die eine ähnliche Erfahrung machen darf. Das Geheimnis Jesu erkennen wir erst, wenn wir es aus der Sicht des Mannes und der Frau betrachten.

So stellt Lukas dem greisen Simeon die alte Prophetin Hanna gegenüber. Ihr Name sagt, dass sie von Gott begnadet ist. Und sie ist Prophetin: Sie drückt durch ihr Leben und durch ihre Worte etwas von Gott aus, was nur durch sie ausgedrückt werden kann. Sie ist die Tochter Penuels, dessen Name »Gottes Angesicht« bedeutet. Hanna ist eine Schauende, eine Frau, die Gottes Angesicht zu schauen sucht. Sie stammt aus dem Stamm Ascher, der übersetzt »Glück« bedeutet. Sie ist mit sich im Einklang und erlebt im Schauen Gottes ihr Glück.

Interessant ist, wie Lukas die alte Frau schildert. Während er bei Simeon sein Wesen und seine Verhaltensweisen beschreibt, erzählt er uns bei Hanna ihre Geschichte. Und indem er ihre Geschichte erzählt, deckt er uns ihr Wesen auf. »Als junges Mädchen hatte sie geheiratet, und sieben Jahre mit ihrem Mann gelebt; nun war sie eine Witwe von vierundachtzig Jahren. Sie hielt sich ständig im Tempel auf und diente Gott Tag und Nacht mit Fasten und Beten.« (Lk 2,36f)

Hanna hat alle drei Weisen des Frauseins an sich erfahren und durchlebt: die Jungfrau, die verheiratete Frau und die Witwe. Die Zahlen sind auch voller Symbolik. Die sieben Jahre, die sie mit ihrem Mann gelebt hat, stehen für die Verwandlung und Vollendung. Nun ist sie vierundachtzig Jahre alt. Die Achtzig steht für die Transzendenz: Sie ist in ihrem Geist offen für Gott. Die Vier steht für die vier Elemente. Man könnte sagen: Hanna steht mit beiden Beinen auf dem Boden. Sie ist ganz der Erde verhaftet und doch offen für Gott. Sie lebt im Tempelbereich, in dem sie beständig mit Gott spricht und Gott lobt.

Lukas berichtet uns die Worte Hannas nicht. Er erzählt nur, dass sie im Augenblick, als Maria und Josef mit ihrem Kind den Tempel betreten, auch hinzukommt. Sie »pries Gott und sprach über das Kind zu allen, die auf die Erlösung Jerusalems warteten« (Lk 2,38).

Wenn Hanna über das Kind spricht, dann erzählt sie offensichtlich, was das Wesen dieses Kindes ist und was von ihm zu erwarten ist. Sie spricht zu den Menschen, die auf die Erlösung Jerusalems warten. Vermutlich spricht sie auch von dem Kind als dem, von dem Erlösung ausgehen wird. Durch Jesus werden Befreiung und Heilung erfahrbar werden.

Die alte Frau spricht mit den Leuten über das Kind. Sie sieht tiefer. Sie erkennt das Geheimnis dieses Kindes und offenbart es allen, die dafür offen sind.

Das Kind bringt nach seiner Geburt viele Menschen in Bewegung. Es führt Maria und Josef gemeinsam auf den Weg von Nazaret nach Betlehem. Es stößt die Hirten an, nach Betlehem zu gehen. Die Hirten kommen durch das Kind einander näher und erfahren in der Begegnung mit dem Kind neuen Schwung für ihr Leben. Das Kind bringt den Himmel in Bewegung. Engel kommen vom Himmel, um die Frohe Botschaft zu verkünden. Das Kind spricht alte Menschen an: den greisen Simeon und die alte Prophetin Hanna.

In jedem löst das Kind etwas aus. Ganz gleich, in welchem Alter wir sind, Weihnachten will auch uns in die Begegnung mit dem Kind führen. Und Weihnachten will durch die Begegnung mit dem Kind auch unser Leben verwandeln: unsere Angst in Vertrauen, unsere Dunkelheit in Licht, unser Unwissen in Klarheit, unsere Entfremdung in Heimat, unsere Wunden in Perlen und unsere innere Gefangenschaft in Erlösung.

Das Kind und seine Eltern

Schon die Begegnung des Kindes mit dem greisen Simeon ist nicht nur angenehm für die Eltern. Und auch am Ende seiner Kindheitsgeschichte schildert uns Lukas eine Begegnung des Kindes mit den Eltern, die für die Eltern zunächst einmal unverständlich und dann auch sehr schmerzlich ist.

Lukas erzählt vom zwölfjährigen Jesus, der mit seinen Eltern dem Festbrauch gemäß zum Paschafest nach Jerusalem zieht. Vorher hatte Lukas die zwölf Jahre bis zu dieser Wallfahrt mit den Worten beschrieben: »Das Kind wuchs heran und wurde kräftig; Gott erfüllte es mit Weisheit, und seine

Gnade ruhte auf ihm.« (Lk 2,40) Das klingt sehr harmonisch. Die Eltern können stolz sein auf ihren Sohn. Er entwickelt sich ganz nach ihren Vorstellungen. Doch dann erzählt uns Lukas einen Bruch in dieser Entwicklung.

Beim Heimweg von der Wallfahrt bleibt Jesus einfach in Jerusalem, ohne seinen Eltern Bescheid zu sagen. Maria und Josef bemerken dies beim Heimweg erst am Ende der ersten Tagesreise. Sie suchen ihn überall bei den Verwandten und Bekannten. »Als sie ihn nicht fanden, kehrten sie nach Jerusalem zurück und suchten ihn dort. Nach drei Tagen fanden sie ihn im Tempel; er saß mitten unter den Lehrern, hörte ihnen zu und stellte Fragen. Alle, die ihn hörten, waren erstaunt über sein Verständnis und über seine Antworten.« (Lk 2,45–47)

Bis zu dieser Stelle könnten die Eltern ja noch stolz sein auf ihren Sohn. Er hat sich entwickelt. Er vermag sogar mit den Pharisäern und Schriftgelehrten zu diskutieren. Er sitzt ihnen nicht zu Füßen, sondern tritt ihnen gegenüber gleichberechtigt auf. Ja, er stellt ihnen sogar Fragen. Er fordert die Lehrer heraus, indem er sie hinterfragt.

Doch dann verändert sich die Stimmung: »Als seine Eltern ihn sahen, waren sie sehr betroffen, und seine Mutter sagte zu ihm: Kind, wie konntest du uns das antun? Dein Vater und ich haben dich voll Angst gesucht. Da sagte er zu ihnen: Warum habt ihr mich gesucht? Wusstet ihr nicht, dass ich in dem sein muss, was meinem Vater gehört? Doch sie verstanden nicht, was er damit sagen wollte.« (Lk 2,48–50)

Die Eltern teilen die Bewunderung der Leute nicht. Sie sind verletzt, weil Jesus einfach in Jerusalem geblieben ist, ohne ihnen etwas zu sagen. Die Mutter bringt ihre Angst und den Schmerz des Vaters zum Ausdruck. Ihre Worte klingen wie ein Vorwurf. Zumindest drücken sie die eigene Verletzung aus.

Jesus hat keinen Blick für die Gefühle der Mutter und des Vaters. Lukas schildert ihn nicht nur als den Sohn Gottes, sondern auch als einen Knaben, der mündig wird und den üblichen Pubertätskonflikt mit seinen Eltern durchlebt. Die Mutter spricht von der Angst, mit der sie und Josef ihren Sohn gesucht haben. Der Sohn geht nicht auf ihre Gefühle ein. Vielmehr stellt er mit seiner Antwort seine Eltern selbst in Frage: Sie hätten doch eigentlich wissen müssen, dass ihr Sohn dem himmlischen Vater gehöre und dort sein müsse, wo der Vater ist.

Die Antwort Jesu selbst ist doppeldeutig. Lukas liebt die Doppeldeutigkeit. Daher meinen diese Worte vermutlich beides: Jesus muss im Bereich seines Vater sein. Das ist der Tempel. Aber zugleich bedeutet das Wort auch: Ich muss »mich mit den Sachen meines Vater beschäftigen« (Bovon 160). Dass Jesus im Tempel geblieben ist, ist ein Symbol für sein ganzes Leben. Er muss im Bereich seines Vaters bleiben und das tun, was der Vater von ihm verlangt. Die Eltern müssen dabei zurückstehen. Diese Antwort Jesu ist für die Eltern sicher nicht leicht zu verstehen, geschweige denn zu akzeptieren.

Die Erzählung vom zwölfjährigen Jesus im Tempel will den Eltern nicht nur Verständnis für ihre pubertierenden Söhne und Töchter vermitteln. Auch für die Eltern gilt, dass sie manches nicht verstehen werden, was ihnen ihre Söhne und Töchter sagen. Die Kinder gehören letztlich nicht ihnen, sondern Gott.

Das will uns das Geheimnis von Weihnachten vermitteln: In jedem Kind steckt auch ein göttliches Kind, das sich unserem Zugriff entzieht und das wir letztlich nicht verstehen. Wir sollen vertrauen, dass dieses göttliche Kind den Weg weiß, der dem Heranwachsenden guttut. Daher müssen sich die Eltern immer wieder zurücknehmen und darauf verzichten, ihre eigenen Erwartungen auf ihre Kinder zu projizieren. Nur so sind sie offen für das, was Gott mit den Kindern vorhat.

Der andere Aspekt dieser Erzählung ist: Jesus selbst entzieht sich unserer Einschätzung. Wir sind immer in Gefahr, ein harmonisches Bild von Jesus zu entwerfen und in dieses Bild all unsere Sehnsüchte und Bedürfnisse hineinzuprojizieren. Doch Jesus bleibt immer auch der Unverständliche, den wir nicht vereinnahmen können. Er entzieht sich unserem Zugriff. Begegnung mit ihm heißt immer auch: das Unverständliche zu akzeptieren und uns von Jesus auf neue Wege führen zu lassen.

Wir sind oft in Gefahr, Jesus in unsere eigenen Vorstellungen hineinzuzwängen. Gerade an Weihnachten sind wir fasziniert von dem Kind in der Krippe. Doch dass in diesem Kind uns Gott anschaut und uns auch auf Wege schickt, die wir uns nicht selbst gewünscht haben, das übersehen wir gerne. Die Begegnung mit Jesus heißt daher auch: das Fremde und Unverständliche Jesu auszuhalten und uns davon an das Fremde und Unverständliche in uns erinnern zu lassen.

Die Begegnung des Zwölfjährigen mit seinen Eltern endet nicht im Unverständnis. Vielmehr kehrt Jesus mit seinen Eltern zurück nach Nazaret und »war ihnen gehorsam« (Lk 2,51). In der Szene im Tempel ist aufgeleuchtet, dass Jesus die Enge des Gesetzes mit seiner Weisheit und Weite überschreitet. Doch jetzt geht er bewusst in die

Enge des Alltags eines jüdischen Zimmermanns mit. Er ist den Eltern gehorsam. Aber zugleich ist und bleibt er der Sohn seines himmlischen Vaters.

Und so heißt es von ihm, dass Jesus an Weisheit und Alter und Gnade bei Gott und den Menschen zunimmt. Gnade ist ein Beziehungsbegriff und meint Liebe, Zärtlichkeit, Wohlgefallen. In die Enge einer jüdischen Familie eingebunden wächst Jesus in eine intime und vertraute Beziehung zu seinem himmlischen Vater hinein. Als Mann wird er diese Beziehung in einer Anrede ausdrücken, die schon seine Jünger und seither die frühe Kirche und alle Christen berührt hat: »Abba, lieber Vater!«

Jesus hat – so zeigt es uns Lukas – als Kind noch nicht gewusst, dass er Sohn Gottes ist. Alles, was die Dogmatik über ihn sagt, war ihm als Kind nicht bewusst. Doch er hat eine besondere Beziehung zu seinem himmlischen Vater gespürt. Und diese Beziehung zu Gott, seinem wahren Vater, hat er in der Beziehung zu seinem irdischen Vater und seiner Mutter gelebt und vertieft. Das führte bei aller Vertrautheit in der Familie immer auch zu Fremdheit und zu Konflikten.

Die Weihnachtsgeschichte ist auch eine Botschaft an uns, denn sie betrifft unsere Beziehung zu Gott und zu unserer Familie. Der Jesus des Lukasevangeliums traut uns zu, dass wir dem inneren Ruf Gottes folgen, dass wir diesen Ruf wichtiger als die familiären Beziehungen nehmen.

Aber zugleich zeigt uns Lukas, dass Jesus seinen Eltern gehorsam ist. Gott folgen heißt nicht, mit seinen Eltern in Streit liegen, sondern dem inneren Impuls des Herzens folgen, auch in der manchmal vorhandenen Enge einer Familie.

Jesus ist allerdings als Erwachsener aus seiner Familie ausgezogen. Er ist seinen Weg gegangen und traut das auch seinen Jüngern zu. Trotzdem hat Jesus nicht die Beziehung zu seiner Mutter abgebrochen. Das zeigt Lukas in der Apostelgeschichte. Nach der Himmelfahrt verharrten die Jünger einmütig im Gebet, »zusammen mit den Frauen und mit Maria, der Mutter Jesu, und mit seinen Brüdern« (Apg 1,14).

Dieses gemeinsame Gebet, das vom Kommen des Heiligen Geistes gekrönt wird, ist ein Bild der Hoffnung, dass auch unsere zwischenmenschlichen Konflikte einmünden in ein gemeinsames Beten und in die Erfahrung des Heiligen Geistes, der uns im Innersten miteinander verbindet, trotz aller Meinungsverschiedenheiten und trotz aller inneren und äußeren Zerrissenheit.

Stille Nacht, heilige Nacht!
Alles schläft, einsam wacht
nur das traute, hochheilige Paar.
Holder Knabe im lockigen Haar,
schlaf in himmlischer Ruh,
schlaf in himmlischer Ruh!

Stille Nacht, heilige Nacht!
Hirten erst kundgemacht;
durch der Engel Halleluja
tönt es laut von fern und nah:
Christ, der Retter ist da,
Christ, der Retter ist da.

Stille Nacht, heilige Nacht!
Gottes Sohn, o wie lacht
Lieb aus deinem göttlichen Mund,
da uns schlägt die rettende Stund:
Christ, in deiner Geburt,
Christ, in deiner Geburt.

Text: Joseph Mohr 1818

Liedmeditation

Stille Nacht, heilige Nacht

Kein anderes Weihnachtslied ist so weit verbreitet wie das Lied »Stille Nacht, heilige Nacht«. Aber kein Lied ist auch so geschmäht worden: Es sei kitschig, es passe nicht in die Liturgie. Doch nach einer puristischen Phase trauen sich nun auch wieder aufgeklärte Pfarrer und Pfarrerinnen, den Weihnachtsgottesdienst mit diesem Lied zu schließen.

Dieses Lied vereinigt alle: die Kritischen und die Bodenständigen, die Intellektuellen und die Einfachen. Es ruft Gefühle hervor, die jeder aus seiner Kindheit kennt. Und wenn man sich traut, das Lied zu singen, spürt man, dass es einem guttut und dass man ganz bei der Sache ist.

Das Lied selbst ist aus der Not geboren. In der kleinen Landgemeinde Oberndorf in der Nähe von Salzburg war Joseph Mohr Kaplan. Ausgerechnet kurz vor Weihnachten versagte im Jahre 1818 die alte Kirchenorgel, so dass der Gottesdienst ohne Orgel gefeiert werden musste. In seiner Not verfasste der Kaplan ein Weihnachtslied und bat den befreundeten Lehrer Franz Gruber, er solle es vertonen.

In der Christmette erklang dann dieses Lied zum ersten Mal. Der Kaplan sang es gemeinsam mit dem Lehrer und einigen Schülern vor. Franz Gruber begleitete die kleine Schola mit seiner Gitarre. Offensichtlich hat das Lied schon damals die Herzen der einfachen Leute angerührt. Es verbreitete sich rasend schnell – zuerst im Salzburger Land und in Tirol, dann auch in Deutschland. Unter dem Einfluss des preußischen Königs Wilhelm IV. wurde der Text auch ins evangelische Gesangbuch aufgenommen.

Und es wurde in viele Sprachen übersetzt. Heute wird »«Stille Nacht, heilige Nacht« auf der ganzen Welt als das eigentliche Weihnachtslied gesungen. Es ist ein Volkslied, das das Herz ansprechen soll. Man darf es nicht auf den theologischen Prüfstand stellen. Aber es will doch etwas Wesentliches von Weihnachten zum Ausdruck bringen.

Jede Strophe beginnt mit der Anrede »Stille Nacht, heilige Nacht«. Weihnachten hat mit Stille zu tun. In der Stille der Nacht wird Christus geboren. Die Erzählung und die Bilder von Weihnachten atmen diese Stille. Indem wir sie anschauen und betrachten, bildet sich ihre Stille in uns ein. Genauso will die Stille, die in diesem Lied immer wieder besungen wird, unser Herz ergreifen und erfüllen. Weihnachten ist nicht nur ein Familienfest. Es ist auch ein mystisches Fest. Und dazu gehört die Stille. Wenn ich still bin – wenn ich zur Ruhe komme und aufmerksam höre –, kann Christus in meinem Herzen geboren werden.

In der dritten Strophe des Lieds wird Jesus als Retter, als Heiland, als Heiler besungen. Erst wenn ich zur Ruhe komme, kann in der Stille meines Herzens Jesus als der wahre Heiler meine Seele geboren werden. Und dann wird die stille Nacht auch für mich zu einer heiligen Nacht: Zu einer Nacht, die durch die Menschwerdung Gottes geheiligt wird.

Sie wird zu einer Nacht, in der uns in Jesus das Heil erscheint, zu einer Nacht, in der Gott durch seine menschliche Nähe unseren Seelen Frieden, Hoffnung und Heilung schenkt.

Die Begegnung mit Jesus suchen

Lukas ist ein Meister der Begegnungsgeschichten. Das sehen wir nicht nur in der Kindheitsgeschichte Jesu, sondern in seinem ganzen Evangelium. Lukas schildert nicht nur die Heilungsgeschichten als Begegnung Jesu mit den kranken Menschen – durch die Begegnung mit Jesus werden diese gesund.

Lukas erzählt uns auch die wunderbare Geschichte von der Begegnung Jesu mit der Sünderin, die ihm die Füße wäscht. (Vgl. Lk 7,36–50) In dieser Begegnung erfährt die Frau, die von den frommen Pharisäern abgelehnt wurde, Zuwendung und Bestätigung ihrer Liebe, die sie zu ihrem Tun antreibt. Da ist die Begegnung Jesu mit den beiden recht unterschiedlichen Schwestern Maria und Marta (vgl. Lk 10,38–42). Indem die beiden Schwestern Jesus begegnen, entdecken sie, was ihnen noch fehlt. Vor Jesus erkennen sie, dass sie jeweils ihre Schattenseite leben und sich so eigentlich ergänzen könnten.

Im Gleichnis vom verlorenen Sohn berührt uns die Begegnung des barmherzigen Vaters mit dem jüngeren Sohn, der als gescheiterter Mann aus der Fremde zurückkam, und die Begegnung mit dem älteren Sohn, der daheim geblieben und in seinem Zorn verhärtet ist. (Vgl. Lk 15,11–32) Der Vater ermöglicht durch seine vorurteilsfreie, liebende Begegnung den Söhnen einen neuen Anfang. Die Begegnung Jesu mit Zachäus verwandelt diesen reichen Oberzöllner in einen Menschen, der nun die Hälfte seines Vermögens den Armen gibt. (Vgl. Lk 19,1–10)

Und Lukas erzählt uns auch das Geheimnis der Auferstehung in der wunderbaren Begegnung Jesu mit den beiden Emmausjüngern. (Vgl. 24,13–35) Im Gespräch mit dem unerkannt mitwandernden Jesus geht den Jüngern auf, was das Geheimnis der Auferstehung ist: Jesus ist nicht im Tod geblieben. Er geht mit ihnen ihre Wege. Er hört sie an und deutet ihnen im Blick auf die Heilige Schrift sein eigenes Schicksal und ihre Enttäuschung. Im Brotbrechen gehen den Jüngern die Augen auf und sie erkennen den Auferstandenen.

In der Begegnung Jesu mit den Menschen geschehen Heilung und Verwandlung, Erlösung und Befreiung, Menschwerdung und Auferstehung, Begegnung mit der eigenen Wahrheit und Hoffnung auf die Integration des bisher Ungelebten. In jeder Begegnung wird etwas von dem sichtbar, was das Geheimnis von Weihnachten und von Ostern ist, dass Jesu Nähe uns ein neues Leben und ein neues Miteinander ermöglicht.

In diesem Buch habe ich mich auf die Begegnungen beschränkt, die uns das Lukasevangelium in der Weihnachtsgeschichte erzählt. Das Geheimnis von Weihnachten geht uns nicht im Nachdenken am Schreibtisch auf, sondern nur wenn wir für die Begegnungen offen sind, die Gott uns schenkt. In jedem Jahr lädt uns das Weihnachtsfest ein, einander auf neue Weise zu begegnen. Die Begegnung mit dem göttlichen Kind in der Krippe soll uns befähigen, die Begegnungen mit den Menschen unserer Umgebung und die Begegnung mit dem Engel und mit Gott in einer neuen Dichte und Intensität zu erleben.

In den Begegnungsgeschichten, die uns Lukas erzählt, kommen wir in Berührung mit unserer

Sehnsucht nach Begegnung. Im letzten Jahrhundert hat der jüdische Philosoph Martin Buber eine eigene Philosophie der Begegnung entwickelt, die dann christliche Theologen wie Ferdinand Ebner und Theodor Steinbüchel in die Theologie aufgenommen haben. Für Martin Buber geschieht die Menschwerdung in der Begegnung: »Ich werde am Du.«

Wir feiern an Weihnachten nicht nur die Menschwerdung Gottes. Lukas lädt uns vielmehr ein, selbst Mensch zu werden, indem wir uns auf die Begegnungen mit dem göttlichen Kind, mit dem Engel, mit den Hirten, mit Maria und Josef und mit den alten Menschen wie Zacharias und Elisabet, Simeon und Hanna einlassen.

Die Meditation der Weihnachtsgeschichte will uns dazu befähigen, durch die Begegnung mit Christus zu dem Mensch zu werden, als den uns Gott gewollt und geformt hat. Das Ziel all dieser Begegnungen, die wir um die Weihnachtszeit erfahren dürfen, in der Meditation der Weihnachtsgeschichte und in den Begegnungen unseres konkreten Lebens, ist, dass Christus in uns geboren wird.

Dort, wo Christus in uns geboren wird, kommen wir in Berührung mit dem unverfälschten und ursprünglichen Bild Gottes in uns. Dort, wo Christus in uns geboren wird, werden wir wahrhaft zum Menschen göttlicher Gnade und göttlichen Wohlgefallens.

Vor der Begegnung mit dem Kind steht erst einmal die Begegnung untereinander – so wie Maria und Elisabet einander begegnen und sich für die Begegnung mit ihrem Kind bereiten. Es braucht die zwischenmenschlichen Begegnungen in der Familie, mit den Freunden und Bekannten, damit wir wirklich Mensch werden können. Aber es braucht auch die Begegnung mit dem göttlichen Kind in der Krippe, die im schweigenden Anschauen und Meditieren geschieht.

Für mich ist daher an Weihnachten auch die Stille notwendig. Ich brauche diese Stille, um auf das Kind in der Krippe zu schauen, damit sich dieses Bild immer mehr in mich einbildet.

An Weihnachten habe ich das Bedürfnis, mich in meine Klosterzelle zurückzuziehen und allein zu sein mit diesem Geheimnis der Menschwerdung Gottes in dem Kind, das in der Krippe liegt.

Wenn diese Begegnung mit dem Kind in der Einsamkeit des Schweigens gelingt, dann vermag ich auch meinen Mitbrüdern und den Menschen, die mich an Weihnachten anrufen oder die mir in Briefen ihre Sorgen schreiben, auf neue Weise zu begegnen. Dann dringt der Friede, der von der Begegnung mit dem Kind in der Krippe und mit dem göttlichen Kind im eigenen Herzen ausgeht, auch in die Begegnungen mit den Menschen.

Und das Licht, das mir in dem Kind entgegenleuchtet, wird auch meine Augen erhellen, mit denen ich meine Mitmenschen anschaue. So wird die Begegnung mit ihnen eine andere Qualität bekommen.

So wünsche ich Ihnen, liebe Leser und Leserinnen dieses Buches, dass Sie die wunderbare Weihnachtsgeschichte, die uns Lukas erzählt, mit neuen Augen lesen, um das Geheimnis der vielen Begegnungen zu entdecken, die in ihr verborgen liegen. Und ich wünsche Ihnen, dass Sie an Weihnachten dem göttlichen Kind in der Krippe auf neue Weise begegnen. Ich wünsche Ihnen, dass Sie ihm so begegnen, dass alle Begegnungen, die Sie in dieser Zeit im Kreis der Familie und der Freunde und nach Weihnachten in Ihrer Arbeit erleben, vom Glanz von Weihnachten verwandelt werden, dass in diesen Begegnungen immer wieder das Geheimnis der Mensch gewordenen Liebe Gottes aufleuchtet, die unsere Herzen füreinander öffnet und miteinander vereint.

Literatur

Benedikt XVI., Liebe. Entdecke, was dich leben lässt, Freiburg 2008.

François Bovon, Das Evangelium nach Lukas (Lk 1,1–9,50), Zürich 1989.

Walter Grundmann, Das Evangelium nach Lukas, Berlin 1966.

Sonja Lucas, Sternstunden. Kulturgeschichte(n) zur Weihnachtszeit, Bonn 2006.

Anselm Grün

Weihnachten –

Zeit der Erfüllung

Hörbuch-CD gesprochen von Anselm Grün
mit Instrumentalmusik von Conventus Musicus
ISBN 978-3-87868-990-4
Spielzeit ca. 73 Minuten

Die Weihnachtszeit bewusst erleben!

Weihnachten ist für Anselm Grün die Zeit, in der die Grenzen zwischen Himmel und Erde aufgehoben sind und in der wir wieder mit unserer tiefsten Sehnsucht in Berührung kommen. In seinen Deutungen der biblischen Texte rund um das Weihnachtsereignis erschließt er das Geheimnis dieser schönsten Zeit des Jahres neu und lädt die Hörer ein, die Weihnachtszeit ganz bewusst und in vollen Zügen auszukosten. Mit einfühlsamer, sorgfältig ausgewählter Barockmusik von Buxtehude, Telemann, Vivaldi und vielen anderen.

Anselm Grün
ist Cellerar der Benediktinerabtei Münsterschwarzach. Er wird von vielen Menschen als geistlicher Begleiter und Seelsorger geschätzt. Er hält zahlreiche Seminare und Vorträge zu den Themen Lebenshilfe, Spiritualität und Mitarbeiterführung und gehört zu den meistgelesenen christlichen Autoren der Gegenwart. Alle Veranstaltungen und viele weitere Informationen zu Anselm Grün finden Sie im Internet unter *www.anselm-gruen.de*.

Vier-Türme-Verlag, 97359 Abtei Münsterschwarzach
Telefon 09324/20 292, Telefax: 09324/20 495
Email: info@vier-tuerme.de
www.vier-tuerme-verlag.de

Veronika Prüller-Jagenteufel

Auf dem Weg zur Krippe

Ein spiritueller Begleiter durch die Advents- und Weihnachtszeit

144 Seiten, gebunden

ISBN 978-3-89680-377-1

Spirituelle Impulse für die Adventszeit

Gerade die Advents- und Weihnachtszeit laden ein, sich auf den Weg zu machen, um sich selbst, zueinander und auch zu Gott zu finden. Auch in der Bibel sind verschiedene Menschengruppen unterwegs nach Betlehem: Maria und Josef, Hirten und Könige und Heilige bzw. Frauen und Männer aus der Bibel.

Lassen Sie sich von Frau Prüller-Jagenteufel einladen, sich ihnen anzuschließen und ihre Wege zur Krippe mitzugehen. Bei der Krippe heißt es dann verweilen: anbeten, unsere Gaben einbringen, preisen. Aber die Krippe ist nicht das eigentlich Ziel, sondern Anfang eines Weges, der uns weiterführt: in die Welt, in die Auseinandersetzungen, ins Glück.

Informative Ergänzungen zu den einzelnen Themen und weiterführende Impulse geben Anregungen zur Vertiefung.

Veronika Prüller-Jagenteufel
ist Pastoraltheologin und Seminarleiterin in der Erwachsenenbildung, hält Selbstbewusstsein-Seminare für Frauen. Außerdem ist sie in der geistlichen Begleitung und in der Beratung tätig. Sie ist regelmäßig im Österreichischen Rundfunk zu hören.

Vier-Türme-Verlag, 97359 Abtei Münsterschwarzach
Telefon 09324/20 292, Telefax: 09324/20 495
Email: info@vier-tuerme.de
www.vier-tuerme-verlag.de

Anselm Grün
Die hohe Kunst des Älterwerdens

168 Seiten, gebunden mit Schutzumschlag
ISBN 978-3-87868-661-3

Auch als Hörbuch-CD erhältlich:
ISBN 978-3-89680-385-6

Weisheiten für jedes Alter!

„Der Mensch wird von allein alt. Aber ob sein Altern gelingt, hängt von ihm ab. Es ist eine hohe Kunst, in guter Weise älter zu werden.“ (Anselm Grün)

Wer wird schon gerne älter? Anselm Grün, mit Anfang 60 selbst ein „junger Alter“, ermutigt seine Leserinnen und Leser, sich bewusst mit dem eigenen Älterwerden auseinander zu setzen. Spirituell gestaltet kann diese Lebensphase zu einer Zeit des Reifens und Wachsens werden und dem Leben eine neue Tiefe verleihen.

Einfühlsam schildert der Benediktinerpater in diesem Buch die Herausforderungen des Älterwerdens - Annehmen, Loslassen, Aussöhnen - und zeigt die darin liegenden Chancen auf: Wer lernt, die jetzt spürbaren Grenzen zu akzeptieren, der kann für sich auch ganz neue Tugenden erlernen wie Dankbarkeit oder Geduld, Sanftmut oder Gelassenheit. Wer sich darin einübt, loszulassen, wird neu beschenkt werden.

Ein Buch für jeden, der die Zeit des Wachsens und Reifens für sich neu entdecken will!

Vier-Türme-Verlag, 97359 Abtei Münsterschwarzach
Telefon 09324/20 292, Telefax: 09324/20 495
Email: info@vier-tuerme.de
www.vier-tuerme-verlag.de